www.ingramcontent.com/pod-product-compliance
Lightning Source LLC
LaVergne TN
LVHW010611070526
838199LV00063BA/5143

# بیان میرٹھی

## حیات اور خدمات

(تحقیق و تنقید)

ڈاکٹر محمد شرف الدین ساحل

© Mohd Sharfuddin Sahil

**Bayan Meeruthi : Hayat aur Khidmaat**

by: Dr Mohd Sharfuddin Sahil

Edition: June '2024

Publisher :

*Taemeer Publications LLC* (Michigan, USA / Hyderabad, India)

ISBN 978-93-5872-902-3

9 789358 729023

مصنف یاناشر کی پیشگی اجازت کے بغیر اس کتاب کا کوئی بھی حصہ کسی بھی شکل میں بشمول ویب سائٹ پر اَپ لوڈنگ کے لیے استعمال نہ کیا جائے۔ نیز اس کتاب پر کسی بھی قسم کے تنازع کو نمٹانے کا اختیار صرف حیدرآباد (تلنگانہ) کی عدلیہ کو ہو گا۔

© محمد شرف الدین ساحل


| | | |
|---|---|---|
| کتاب | : | **بیان میرٹھی : حیات اور خدمات** |
| مصنف | : | **ڈاکٹر محمد شرف الدین ساحل** |
| جمع و ترتیب / تدوین | : | اعجاز عبید |
| صنف | : | تحقیق و تنقید |
| ناشر | : | تعمیر پبلی کیشنز (حیدرآباد، انڈیا) |
| سالِ اشاعت | : | ۲۰۲۴ء |
| صفحات | : | ۶۸ |
| سرورق ڈیزائن | : | تعمیر ویب ڈیزائن |

# فہرست

پیش لفظ (سچائی کا اعتراف)
بیان میرٹھی
خاندان
ولادت
تعلیم و تربیت
شاعری کی ابتدا
جلوۂ طور کی ادارت
کال کوٹھری
طوطیِ ہند کا اجرا
لسان الملک کا اجرا
طوفان
سرسید کی تحریک سے دلچسپی
وفات
شخصیت
تصانیف
تلامذہ
شاعری
حواشی

# انتساب

ماہرِ غالبیات

جناب کالی داس گپتا رضا

اور

مخلص ادیب

جناب شانتی رنجن بھٹاچاریہ

کی نذر

جنھوں نے میری ہمیشہ ہمت افزائی کی

# سچائی کا اعتراف

ناگپور کی ادبی، علمی و ثقافتی تاریخ کی ترتیب و تالیف کے شوق میں جب میں نے تحقیق کے میدان میں قدم رکھا تو مجھ کو ماہنامہ جلوۂ یار میرٹھ کے مختلف شماروں میں بیان میرٹھی (۱۸۵۰ء۔ ۱۳ مارچ ۱۹۰۰ء) کا کلام نظر آیا۔ یہ اتنا مؤثر اور جامع تھا کہ میں اس شاعر کی تلاش میں بھی مصروف ہو گیا اور کوششوں کے بعد کافی مواد حاصل کیا۔

بیان میرٹھی پر میری پہلی کتاب: بیان میرٹھی، حیات و شاعری ۱۹۸۰ء میں شائع ہوئی۔ یہ ادبی دنیا میں مقبول ہوئی۔ اس کو مہاراشٹر اور اتر پردیش اردو اکادیمی نے انعام سے نوازا۔ دوسری کتاب بیان میرٹھی اور غالب ۱۹۹۸ء میں زیور طبع سے آراستہ ہوئی۔ اسے بھی ادبی حلقے میں پسند کیا گیا۔ اس کو بھی اتر پردیش اردو اکادیمی نے انعام سے سرفراز کیا۔ مہاراشٹر اردو اکادیمی نے اس کی پچاس جلدیں خرید کر تقسیم کیں۔ تیسری کتاب بیان میرٹھی کی جدید نظمیں ۲۰۰۰ء میں چھپی۔ اسے بھی قبولیت کی سند ملی۔ یہ کتاب بیان کی نیچرل، قومی، اخلاقی، عشقیہ، رثائیہ اور مدحیہ نظموں کے علاوہ نوچندی میرٹھ کے متعلق نظموں پر مشتمل ہے۔

اب میں بیان میرٹھی کا دیوان شائع کر رہا ہوں۔ اس میں بیان کی غزلیں،

قصائد، مثنویات، تضمینات، رباعیات، قطعات، نوحے اور سہرے وغیرہ ہیں۔ بیان کی جدید نظموں کی طرح انھیں بھی میں نے ماہنامہ لسان الملک میرٹھ، ماہنامہ جلوۂ یار میرٹھ اور بیان میرٹھی کے شاگرد خان بہادر شیخ بشیر الدین تسخیر میرٹھی کے صاحبزادے بھیا غیاث الدین مرحوم کے کتب خانے میں موجود بیان کے غیر مطبوعہ کلام کی روشنی میں ترتیب دیا ہے۔ جس کلام کے نیچے حوالہ نہیں ہے وہ قلمی مسودے سے لیا گیا ہے۔

بیان کی نعتیہ شاعری کے دو مجموعے مختلف اوقات میں عطر مجموعہ نعت (۱۸۸۵ء) اور قندیلِ حرم (۱۹۷۴ء) کے نام سے شائع ہوئے۔ اول الذکر کے مرتب بیان اور ثانی الذکر کے مرتب ڈاکٹر سید صفدر حسین ہیں۔ لیکن ان دونوں مجموعوں میں صرف نام کا فرق ہے۔ اسی طرح بیان کے سلام اور مرثیے کا مجموعہ: رنگِ شہادت بیان کے ایک شاگرد سید محمود علی گرامی نے مرتب کر کے ۱۹۱۹ء میں چھپوایا تھا۔ اسی کو ڈاکٹر سید صفدر حسین نے ۱۹۷۴ء میں از سر نو ترتیب دے کر شائع کروایا اس لیے میں نے ان دونوں مجموعوں کا کوئی کلام دیوان میں شامل نہیں کیا ہے۔ یہ دونوں مجموعے میرے پاس موجود ہیں۔ ڈاکٹر سید صفدر حسین نے بیان کی غزلوں کا ایک مختصر مجموعہ بھی نقشِ بیان کے نام سے شائع کروایا ہے۔ اس میں ان کی ایک مثنوی حواسِ خمسہ بھی ہے۔ لیکن کافی کوششوں کے باوجود نقشِ بیان کا نسخہ مجھ کو نہ مل سکا۔ اس کا مجھ کو بے حد افسوس ہے۔

میں نے اپنی کوششوں سے بیان کا جو دیوان مرتب کیا تھا۔ وہ برسوں سے اشاعت کا منتظر رہا۔ اب جبکہ میں ضعفِ بینائی کا بری طرح شکار ہوں۔ خیال آیا کہ

کیوں نہ اسے شائع کر کے منظرِ عام پر لادوں تاکہ یہ محفوظ ہو جائے اور اہلِ ادب بھی اس سے استفادہ کر سکیں لہٰذا اسے چھپوا رہا ہوں۔ اس میں اضافے کی بہت گنجائش ہے۔ ممکن ہے اس میں بے شمار غلطیاں بھی ہوں لیکن اب میں مزید تلاش و تحقیق کرنے سے مجبور ہوں۔ برادرم ڈاکٹر مدحت الاختر کا بے انتہا ممنون ہوں۔ انھوں نے پروف ریڈنگ کی ذمے داری قبول کی۔ نور چشم محمد رفیع الدین اور عزیزم ثاقب انجم کا بھی مشکور ہوں۔ ان دونوں نے اس کی کمپوزنگ اور تزئین و اشاعت میں میری مدد فرمائی۔

ناچیز

شرف الدین ساحل

۱۲اگست ۲۰۰۵ء

ناگپور

# بیان میرٹھی

بیان میرٹھی انیسویں صدی کے ایک استاد شاعر، بہترین صحافی اور اچھے انشاءپرداز تھے۔ میں ان کی زندگی و شاعری پر گزشتہ ۳۶سال سے تحقیق کر رہا ہوں۔ میری کتاب: بیان میرٹھی حیات و شاعری ۱۹۸۰ء میں شائع ہوئی۔اس کے بعد دو اور کتابیں: بیان میرٹھی اور غالب ۱۹۹۷ءاور بیان میرٹھی کی جدید نظمیں ۲۰۰۰ء منظرِ عام پر آئیں۔ اب ان کا دیوان شائع کرنے کا شرف حاصل ہو رہا ہے۔اس طویل عرصے میں مجھ کو بیان کی زندگی کے متعلق جو نئی معلومات حاصل ہوئی ہیں ان کو بیان کے ان حالات میں شامل کر کے زیرِ نظر مضمون تیار کیا گیا ہے جو میری کتاب بیان میرٹھی حیات و شاعری میں باب اول کے تحت ہے۔اس اضافے سے بیان کی زندگی اور ان کی شخصیت کے کئی نئے گوشے نمایاں ہوتے ہیں۔

## خاندان

بیان کے آبا و اجداد، سادات کی قدیم بستی جارچہ، ضلع بلند شہر کے رہنے والے تھے۔ایسا کہا جاتا ہے کہ اس علاقے کو شہنشاہ غیاث الدین بلبن (وفات:۱۲۸۷ء) نے بیان کے مورث اعلا سید محمود کو جاگیر کے طور پر عطا کیا تھا۔(۱)

بیان کے والد کا نام سید گوہر علی تھا، جو لوگوں میں میر صاحب کے نام سے مشہور

تھے۔ ان کے والد کا نام سید کرامت علی تھا۔ بیان نے اپنے والد کے نام کا سجع کہا تھا:(۲)

## بحر کرامت کا گوہر علی

۱۸۵۷ء کے انقلاب کے زمانے میں سید گوہر علی کے خاندان پر سات انگریزوں کے قتل کا الزام تھا۔ چنانچہ اس مصیبت سے بچنے کے لیے انھوں نے اپنے آبائی وطن کو چھوڑ کر میرٹھ میں سکونت اختیار کر لی تھی۔ ان کا مکان محلہ کرم علی میں شاہ نتھن کی مسجد کے قریب تھا۔ ڈاکٹر سید صفدر حسین نے مذکورہ واقعہ پر تفصیل سے روشنی ڈالی ہے۔ وہ لکھتے ہیں:(۳)

"بلند شہر کے ضلع میں جارچہ نام کا ایک قصبہ خاصا مردم خیز خطہ تھا جہاں رضوی سادات متمول اور ذی اقتدار تھے۔ لیکن ۱۸۵۷ء کی جنگ آزادی کے دوران، وہاں کے سادات پر سات انگریزوں کے قتل کرنے کا الزام تھا۔ اس لیے ان کی املاک بحق سرکار ضبط کر لی گئی تھیں۔ اس ضبط شدہ جائیداد کا کچھ حصہ، باغپت، ضلع میرٹھ کے ایک رئیس راؤ خورشید علی خان نے اور باقی حصہ دلی کے ایک جوہری سلطان سنگھ نے خرید لیا تھا۔ تبدیلِ ملکیت کے نتیجے میں وہاں کے سادات کے پاس سوائے کاشتکاری کے کوئی اور وسیلہ معاش کا نہ تھا۔ اس لیے انھوں نے عزتِ نفس کے خیال سے اپنے آبائی وطن کو خیرباد کہہ کر قرب و جوار کے شہروں میں سکونت اختیار کر لی تھی۔ ہجرت کرنے والے ان خانوادوں میں ایک گھرانا سید گوہر علی رضوی کا بھی تھا، جس کے افراد میرٹھ شہر میں اقامت گزیں ہو گئے تھے۔"

سید گوہر علی کا موضع الدن، ضلع میرٹھ کے رئیس سید عمر دراز علی (ڈپٹی کلکٹر) کی صاحبزادی جہاں بانو سے عقد ہوا تھا جن کا تعلق شرفا اور علمی و ادبی خاندان سے تھا۔ اس

خاندان میں کئی اصحاب رئیس اور وابستۂ سرکار تھے۔ سید عمر دراز علی آگرہ، کالپی اور جھانسی میں اعلا منصب پر فائز رہے۔ انھوں نے ۱۸۶۰ء میں رحلت فرمائی۔ ان کے بیٹے سید مہدی علی بھی اعلا تعلیم یافتہ تھے۔ وہ بسلسلۂ ملازمت یوپی مختلف شہروں میں سکونت پذیر رہے۔ ڈپٹی کلکٹر کے مرتبے تک پہنچ کر ملازمت سے سبکدوش ہوئے۔ ان کا ۱۹۰۵ء میں گورکھپور میں انتقال ہوا۔ ان کی تصنیف شہاب ثاقب سے ان کے علمی مرتبے کا پتہ چلتا ہے۔(۴)

سید عمر دراز علی کے بھائی سید کفایت علی ایک اچھے شاعر تھے۔ وہ تنہا اور راشد تخلص کرتے تھے۔ محکمہ انسداد ٹھگی و ڈکیتی کے محافظ دفتر و میر منشی رہے۔ بعد کو پنجاب کے ضلع کے سر رشتہ دار اور پھر پنجاب و دہلی میں میر منشی و سپرنٹنڈنٹ کمشنری رہے۔ انھوں نے ۳۳ سال کی ملازمت کے بعد ۱۸۶۸ء میں پنشن پائی۔ یکم اکتوبر ۱۸۶۹ء کو ۵۵ سال کی عمر میں وفات پائی اور میرٹھ میں دفن ہوئے۔ ان کا دیوانِ اردو، کلیاتِ فرقانی کے ساتھ شائع ہو چکا ہے۔(۵)

اردو اور فارسی کے جید عالم اور بلند پایہ شاعر سید احمد حسن فرقانی میرٹھی (پیدائش :۱۸۳۶ء) انھی کے بیٹے تھے۔ فرقانی غالب کے ہم عصر و ہم مجلس تھے۔ غالب اور فرقانی میں خط و کتابت بھی تھی۔ غالب کے دو خطوط ان کے نام ملتے ہیں۔ انھوں نے ۴۷ سال کی عمر میں ۱۴ ستمبر ۱۸۸۳ء کو وفات پائی اور میرٹھ میں اپنے آبائی قبرستان میں سپرد خاک کئے گئے۔ منشی سجاد حسین ریحانی (پیدائش ۱۲۶۸ھ۔ وفات: ۱۳۰۰ھ) اور منشی کرار حسین روحانی (پیدائش: ۱۲۸۱ھ) دونوں فرقانی ہی کے بیٹے تھے۔(۶)

سید گوہر علی خاصی علمی صلاحیت کے مالک تھے اور علوم متداولہ پر عبور رکھتے تھے۔ انھیں شاعری سے بھی حد درجہ مزاولت تھی۔ حضرت فرقانی کو ان سے بڑی

محبت تھی۔ ایک مرتبہ جب وہ میرٹھ سے اپنے آبائی وطن جارچہ تشریف لے گئے تو فرقانی نے انھیں ایک خط لکھا تھا، جس میں ان کی جدائی پر اپنے تاثرات کا اظہار کیا تھا۔ اسی خط میں ان کے متعلق یہ قطعہ بھی تھا:

ازاں روزیکہ در بخشد صدف راابر نیسانی
نیامد در کفِ بحرِ سیادت چوں تویک گوہر
چہ پرسی ماجرائے من کہ از رنجِ فراقِ تو
دلم چولولو سوراخ است چوں رشتہ تنم لاغر

انشائے فرقانی کے ایک خط سے یہ معلوم ہوتا ہے کہ گوہر علی نے کچھ شعر اور تضمین فرقانی کو اصلاح کی غرض سے بھیجی تھی، جسے انھوں نے درست کر کے واپس کر دیا تھا۔(۷)

سید گوہر علی کا انتقال ۸ مارچ ۱۸۹۳ء کو میرٹھ میں ہوا۔ والد کی موت سے متاثر ہو کر بیان نے یہ اشعار کہے ہیں:(۹)

گوہر شہوار سے برجِ جہاں خالی ہوا
نیّرِ اوجِ شرف سے آسماں خالی ہوا
عالمِ خاکی نظر آتا ہے ویرانے کی طرح
کیا کہوں کیسے مکیں سے یہ مکاں خالی ہوا
کیوں نہ ہو تاریک عالم، دیدۂ مشتاق میں
نورِ شمعِ دودماں سے دودماں خالی ہوا
رحلتِ سالارِ لشکر سے ہوا لشکر تباہ
رہنمائے کارواں سے کارواں خالی ہوا

گلشنِ جنت ہوا، معمورِ زینت ہم صفیر
اس گلِ دستار سے ہر بوستاں خالی ہوا
اس کے چھُٹتے ہی مہِ شعباں ہوا ماہِ عزا
مومنیں کو عید کا چاند اے بیاں خالی ہوا

سید گوہر علی کے آٹھ بیٹے تھے: (۱) سید اصغر حسین، (۲) سید محمد مرتضٰی بیان یزدانی، (۳) سید یعسوب الدین، (۴) سید سلطان الحق، (۵) سید ابوالحسن، (٦) سید محمد، (۷) سید حسین شرف (۸) سید آغا علی آغا۔

ان میں سید محمد کا انتقال عین جوانی میں والد کی زندگی ہی میں ہو گیا تھا۔ بیان یزدانی، سید ابوالحسن اور سید آغا علی آغا کو چھوڑ کر باقی تمام بھائی معزز عہدوں تک پہنچے۔ سید اصغر حسین عدالت میرٹھ میں ہیڈ کلرک رہے۔ سید یعسوب الدین ضلع جالون میں امین کونچ کے عہدے پر فائز ہوئے۔ سید سلطان الحق دفتر کلکٹری گورکھپور میں سپرنٹنڈنٹ ہوئے۔ اپنے ماموں سید مہدی علی کے داماد تھے۔ سید حسین شرف علی گڑھ میں نائب تحصیلدار تھے۔ (۱۰)

غرض بیان کا خاندان علمی اور ادبی لحاظ سے مالا مال تھا۔ نانا اور والد پڑھے لکھے تھے۔ عربی اور فارسی پر انھیں پوری طرح دسترس حاصل تھی۔ ماموں تعلیم یافتہ اور صاحبِ فضل و کمال تھے۔ تمام بھائی پڑھے لکھے تھے۔ سید آغا علی آغا اور سید حسین شرف کو بھی شاعری کا شوق تھا۔ لسان الملک میں ان کا کچھ کلام شائع ہوا ہے۔ سید محمد عربی اور فارسی کے عالم تھے۔ بیان کی کتاب "عطر مجموعۂ نعت" پر عربی زبان میں ان کی لکھی ہوئی تقریظ اس حقیقت پر شاہد ہے۔ سید ضیا الاسلام عیاں میرٹھی (پیدائش: ۱۸۹۷ء، وفات: ۲۱

جنوری ۱۹۳۵ء) اس خاندان کے آخری نامور شاعر گزرے ہیں۔ یہ سلطان الحق (ف:۱۹۰۷ء) کے بیٹے اور بیان کے سگے بھتیجے تھے۔ ان کا مجموعۂ کلام ۱۹۵۶ء میں "کلامِ عیاں" کے نام سے سول اینڈ ملٹری پریس، راولپنڈی (پاکستان) سے شائع ہو چکا ہے۔ اس خاندان کی ایک نام لیوا رابعہ خاتون نہاں میرٹھی کا بھی پتا چلتا ہے جو راولپنڈی (پاکستان) میں مقیم تھیں۔ یہ صفی صاحب کی بیٹی ہیں۔ صفی رشتے میں بیان یزدانی کے یک جدی بھائی تھے۔ یعنی وہ کرامت علی (بیان کے دادا) کے چچا کے خاندان سے تھے۔ اسی لیے بعض تذکروں میں نہاں کو بیان کی بھتیجی کہا گیا ہے۔(۱۱) بیان کے خاندان کے لوگ ۱۹۴۷ء تک میرٹھ ہی میں آباد تھے۔ آزادی کے بعد یہ لوگ پاکستان منتقل ہو گئے اور وہیں مستقل سکونت اختیار کر لی۔

## ولادت

بیان کا پورا نام سید محمد مرتضیٰ تھا۔ اردو میں بیان اور فارسی میں یزدانی تخلص کرتے تھے۔ مذہباً اثنا عشری شیعی تھے۔ سلسلۂ نسب حضرت امام رضاؑ سے ملتا ہے۔(۱۲) ان کی پیدائش ان کے نانا سید عمر دراز علی کے مکان پر ہوئی تھی، جو اس وقت جھانسی (بندیل کھنڈ) میں ڈپٹی کلکٹر کے عہدے پر مامور تھے۔ لیکن بعد کو انھوں نے میرٹھ میں نشوونما پائی اور زندگی کا بڑا حصہ بھی اسی شہر میں گزارا، اس لیے میرٹھی کہلائے۔(۱۳)

باوجود تحقیق بسیار بیان کی صحیح تاریخِ ولادت معلوم نہ ہو سکی۔ بعض کتب و رسائل میں صرف سالِ ولادت کے اشارے ملتے ہیں۔ ان میں بھی کافی اختلافات ہیں۔ ہمارے پیشِ نظر جو ماخذ ہیں، ان کی تفصیل دیکھیے:

۱۔ خم خانۂ جاوید (جلد اول) ۱۸۴۰ء قاموس المشاہیر ۱۸۴۰ء

۲۔ مراۃ الشعرا (جلد دوم) ۱۸۴۶ء

۳۔ ماہنامہ آج کل، نئی دہلی ستمبر ۱۹۷۰ء ۱۸۵۰ء ماہنامہ آج کل، نئی دہلی اگست ۱۹۹۲ء ۱۸۵۰ء

رنگ شہادت از ڈاکٹر سید صفدر حسین ۱۸۵۰ء قندیل حرم مرتبہ ڈاکٹر سید صفدر حسین ۱۸۵۰ء

۴۔ ماہنامہ العصر، لکھنو، اگست، ستمبر ۱۹۱۳ء ۱۸۵۶ء روزنامہ امروز، کراچی، ۴ ستمبر ۱۹۵۰ء ۱۸۵۶ء

۵۔ ماہنامہ مخزن، لاہور، مارچ ۱۹۰۴ء ۱۸۶۰ء اول، دوم اور پنجم۔

سن ولادت قیاس پر مبنی ہے، ملاحظہ ہو:

(۱) ساٹھ سال کے قریب عمر پا کر ۱۹۰۰ء میں بمقام میرٹھ انتقال کیا۔ (خم خانہ جاوید)

(۲) مارچ ۱۹۰۰ء میں انتقال فرمایا اور ۵۴ برس کی عمر ہوئی۔ اس لحاظ سے تاریخ ولادت ۱۸۴۶ء ہوتی ہے۔ (مراۃ الشعرا)

(۳) تقریباً چالیس سال کے سن میں ۱۳ مارچ ۱۹۰۰ء کو اردو زبان کی شاعری کی صدر نشینی چھوڑ کر ہمیشہ کی تنہائی اختیار کی۔ (ماہنامہ مخزن)

یہ قیاسات مندرجہ ذیل حقائق کی روشنی میں غلط ثابت ہوتے ہیں:

(۱) سب اس بات پر متفق ہیں کہ بیان کی پیدائش ان کے نانا سید عمر دراز علی کے مکان پر ہوئی جو اس وقت جھانسی میں ڈپٹی کلکٹر تھے۔ علی جواد زیدی نے فرقانی میرٹھی کے تذکرے میں لکھا ہے کہ عمر دراز علی اور ان کے بھائی کفایت علی غالباً ۱۸۴۰ء سے ۱۸۵۰ء کے مابین بسلسلۂ ملازمت آگرہ میں مقیم رہے۔ اس اثنا میں عمر دراز علی ٹرانسفر ہو

کر آگرہ سے جھانسی آئے اور کفایت علی فیروز پور (پنجاب) گئے۔(۱۴)

(۲) اس بات پر بھی اتفاق ہے کہ سید عمر دراز علی نے ۱۸۶۰ء میں وفات پائی۔ ان کی وفات کے بعد بیان اپنے خاندان کے افراد کے ساتھ جھانسی سے میرٹھ آئے۔(۱۵)

ان حقائق کی روشنی میں بیان کا سالِ ولادت ۱۸۴۰ء، ۱۸۴۶ء اور ۱۸۶۰ء غلط ہو کر رہ جاتا ہے۔ماہنامہ العصر، لکھنو کے مقالہ نگار پیارے لال شاکر میرٹھی اور روزنامہ امروز، کراچی کے مقالہ نگار خدا بندہ نے جو سال پیدائش بتایا ہے۔ اس کی تردید خود انھیں کے بتائے ہوئے ایک واقعے سے ہوتی ہے۔ دیکھئے:

(۱) بیان بہت خوبصورت تھے اور رنگ گورا چٹا تھا۔ اس کے متعلق ایک دلچسپ واقعہ قابلِ ذکر ہے۔ غدر کے زمانے میں جب کہ امن و امان کا جنازہ ملک سے اٹھ چکا تھا سید بیان کو بعالمِ طفلی کہیں ایک مقام سے دوسرے مقام تک جانا پڑا۔ اتفاق سے راستے میں باغیوں کی ایک جماعت سے مڈبھیڑ ہوگئی۔ ان نامرادوں نے انھیں انگریز کا بچہ سمجھ کر گرفتار کر لیا اور ڈیڑھ سو روپئے لے کر چھوڑا۔ (ماہنامہ العصر)

(۲) بیان بہت گورے چٹے تھے۔ ایک مرتبہ تیلنگوں نے انھیں انگریز کا بچہ سمجھ کر ۱۸۵۷ء کے ہنگامے کے زمانے میں پکڑ لیا اور ڈیڑھ سو روپئے لے کے چھوڑا۔ (روزنامہ امروز)

اگر یہ واقعہ درست ہے تو مقالہ نگاروں کے بتائے ہوئے سال کے مطابق بیان کی عمر اس وقت ایک سال کی رہی ہوگی اور اس عمر میں تیلنگوں کا انھیں پکڑ لینا محال ہے۔ اس واقعے سے مخزن کے مضمون نگار کا قیاس بھی غلط ہو کر رہ جاتا ہے۔ واقعہ مذکورہ کے اعتبار سے ۱۸۵۷ء کے ہنگامے میں آج کل، رنگ شہادت اور قندیلِ حرم کے مضمون کے مطابق بیان کی عمر ۷ سال کی ہوتی ہے اور اس عمر میں تیلنگوں کا انھیں پکڑ لینا قرینِ قیاس

ہے۔ لہٰذا یہ ممکن ہے کہ بیان ۱۸۵۰ء میں پیدا ہوئے ہوں۔

## تعلیم و تربیت

بیان کے سوانح نگاروں نے عام طور سے یہ بات لکھی ہے کہ ان کا بچپن جھانسی اور کالپی میں نانا کے ہمراہ گزرا تھا۔ وہ نانا کے انتقال (۱۸۶۰ء) کے بعد اپنے خاندان کے دیگر افراد کے ساتھ میرٹھ آئے۔ انھوں نے ابتدائی تعلیم اپنے والد سے پائی اور اپنی خداداد ذہانت کی بدولت بہت جلد درسی نصاب ختم کرلیا۔ بعد کو میرٹھ کے ایک شیعی عالم مرزا باقر علی بیگ سے عربی اور فارسی کی کچھ کتابیں پڑھیں۔ پھر خود ہی کئی زبانوں اور علوم و فنون کا بنظرِ غائر مطالعہ کیا اور بہت جلد اپنی علمی استعداد کو مستحکم اور وسیع بنالیا۔ اس کے ثبوت کے لیے چند اقتباسات دیکھیے:

(۱) بیان ۱۸۵۶ء میں جھانسی میں پیدا ہوئے، چار سال کی عمر میں شفیق نانا کا سایہ اٹھ گیا لیکن دور اندیش باپ نے ان کی تعلیم و تربیت کا انتظام اپنے ہاتھ میں لے کر اسے 'کما حقہٗ' انجام تک پہنچانے میں کوئی دقیقہ فروگذاشت نہیں کیا۔ سید گوہر علی ایک قابل بزرگ تھے اور جیسا کہ قدیم زمانے میں شریف خاندانوں کا عام دستور تھا وہ پڑھے لکھے تھے اور علومِ مشرق میں اچھی دستگاہ رکھتے تھے۔ سید بیان کی ابتدائی تعلیم انھوں نے خود کی اور جب تعلقاتِ ملازمت کی وجہ سے وہ اس کام سے معذور ہوئے تو مرزا باقر علی بیگ نے جو میرٹھ میں فرقہ شیعہ کے پیش نماز تھے، سید بیان کی تعلیم کی تکمیل کرائی۔ (ماہنامہ العصر لکھنو، اگست، ستمبر ۱۹۱۳ء)

(۲) ان کے والد گوہر علی بڑے لائق شخص تھے اس لیے بعض ابتدائی درسی کتابیں انھیں سے پڑھیں۔ پھر کچھ روز میرٹھ کے ایک شیعہ عالم مرزا باقر علی بیگ سے

درس لیا۔(روزنامہ امروز کراچی، ۴ ستمبر ۱۹۵۰ء، ص:۷)

(۳) بیان ۱۸۶۰ء تک جب کہ ان کے نانا کا انتقال ہوا جھانسی اور کالپی وغیرہ میں مقیم رہے اور تقریباً دس سال کی عمر میں اپنے خاندان کے دوسرے افراد کے ساتھ میرٹھ آکر سکونت پذیر ہوگئے تھے۔ انھوں نے ابتدائی تعلیم اپنے والد سے حاصل کی تھی۔ اس کے بعد میرٹھ کے مشہور عالم دین مولانا باقر علی بیگ سے مروجہ درسی کتب پڑھی تھیں۔(قندیل حرم مرتبہ ڈاکٹر سید صفدر حسین)

اسی بات کو الفاظ کے الٹ پھیر کے ساتھ کچھ اور لوگوں نے بھی بیان کے تذکرے میں دہرایا ہے لیکن امان اللہ خان شیروانی کے مضمون: بیان یزدانی میں ان کی تعلیم و تربیت کے سلسلے میں یہ مفید اضافے ملتے ہیں:(۱۶)

بیان یزدانی کی ابتدائی تعلیم گھر پر ہوئی تھی۔ ان کے خاندان میں بھی بڑے عالم فاضل موجود تھے۔ عربی کی تعلیم انھوں نے شمس العلما قاری عباس حسین اور مولوی جعفر علی قاری سے حاصل کی۔ بیان نے اپنی قابلیت زیادہ تر ذاتی مطالعہ سے بڑھائی۔

میرے نزدیک یہ ادھوری سچائیاں ہیں۔ میری تازہ تحقیق کے مطابق بیان اپنے نانا سید عمر دراز علی کے انتقال (۱۸۶۰ء) کے بعد دیگر افراد خاندان کے ساتھ میرٹھ آئے۔ اس واقعہ کے دو سال بعد ۱۸۶۲ء میں سید کفایت علی تنہا (والد سید احمد حسن فرقانی) پنجاب سے منتقل ہو کر دہلی آئے جہاں وہ ۱۸۶۸ء تک کمشنر دہلی کے میر منشی رہے۔ انشائے فرقانی سے یہ ظاہر ہوتا ہے کہ اس زمانے میں سید کفایت علی نے سید عمر دراز علی کے اہل و عیال کو بھی اپنے پاس دہلی بلوالیا تھا اور وہ انھی کے ساتھ رہتے تھے۔ علی جواد زیدی کے مضمون: سید احمد حسن فرقانی میرٹھی میں جگہ جگہ سید مہدی علی ابن سید عمر دراز علی کی دہلی میں ان کے ساتھ رہنے کی شہادتیں ملتی ہیں۔ اس سے یہ بات واضح ہوتی

ہے کہ ۱۸۶۲ء سے ۱۸۶۸ء تک بیان کا نانہال دہلی میں تھا۔ میرا خیال ہے کہ جب سید کفایت علی نے اپنے بھائی سید عمر دراز علی کے اہل و عیال کو دہلی بلوایا تو ان کے ساتھ بیان بھی دہلی آئے اس لیے کہ وہ انھی کے ساتھ پلے بڑھے تھے۔ ان کی مزید تعلیم و تربیت سید کفایت علی، سید احمد حسن فرقانی اور سید مہدی علی کی نگرانی میں دہلی میں ہوئی۔ یہ بات میں اس بنیاد پر کہہ رہا ہوں کہ تمام تذکرہ نگار اس بات پر متفق ہیں کہ بیان نے میرٹھ کے ایک شیعی عالم مرزا باقر علی بیگ سے تعلیم پائی تھی۔ یہ وہ بزرگ ہیں جن سے فرقانی کے گہرے مراسم تھے اور وہ دہلی کے رہنے والے تھے انھوں نے بعد کو میرٹھ میں سکونت اختیار کر لی تھی۔ علی جواد زیدی، فرقانی کے دہلی کے احباب کا ذکر کرتے ہوئے اپنے مضمون میں ایک جگہ لکھتے ہیں: (۱۷)

"دلی میں کوئی مولوی مرزا باقر علی بیگ بھی تھے۔ ان سے بھی (فرقانی کے) مراسم تھے۔ غالباً انھوں نے بعد میں میرٹھ میں ہی قیام اختیار کر لیا تھا۔"

اس ابتدائی تعلیم کی تحصیل کے بعد بیان نے عربی و فارسی کی اعلا تعلیم شمس العلما قاری عباس حسین اور مولوی قاری سید جعفر علی سے حاصل کی تھی جیسا کہ امان اللہ خاں شروانی نے اپنے مضمون میں لکھا ہے۔ یہ دونوں بزرگ بھی دہلی کے رہنے والے تھے۔ ان سے بھی فرقانی کے گہرے تعلقات تھے۔ کافی تلاش کے بعد بھی قاری عباس حسین کے بارے میں معلومات فراہم نہ ہو سکی۔ البتہ مولوی قاری سید جعفر علی کے انتقال (۱۸۹۶ء) سے متاثر ہو کر بیان نے جو پُر درد طویل مرثیہ لکھا ہے اس سے یہ معلوم ہوتا ہے کہ موصوف اپنے وقت کے جید عالم اور نیک صفت انسان تھے۔ اس مرثیے کے دو بند کے چند اشعار دیکھئے: (۱۸)

شمسِ مبیں حضرتِ جعفر علی

شمعِ یقیں حضرتِ جعفر علی
قبلۂ دیں، کعبۂ اسلام کے
رکنِ رکیں حضرتِ جعفر علی
انجمنِ علمِ شریعت میں تھے
صدر نشیں حضرتِ جعفر علی
مشرق و مغرب میں اندھیرا ہوا
آج نہیں حضرتِ جعفر علی
نائبِ مہدی نہ رہا خاک پر
خاک پڑی گردشِ افلاک پر
قرأت و تجوید کے قلزم تھے آپ
دہر میں سیارۂ ہشتم تھے آپ
علمِ الٰہی کے سمٰوات پر
نیرِ اعظم شہِ انجم تھے آپ
بحرِ محیطِ دو جہاں علم تھا
منبعِ تعلیم و تعلم تھے آپ
ناشرِ آیاتِ الٰہی تھے لب
رافعِ رایاتِ شہِ قم تھے آپ
تیرہ جہاں ہے وہ گئے ہات سے
کوچ کیا خضر نے ظلمات سے

ان تفصیلات سے یہ بات واضح ہوتی ہے کہ بیان نے دہلی میں اپنے وقت کے جید علما

سے اکتسابِ فیض کیا تھا۔ ان کے اردو اور فارسی کلام سے اس بات کا ثبوت ملتا ہے کہ انھیں مختلف فنون میں کامل دستگاہ تھی۔ فارسی اور عربی، حدیث، فقہ، منطق، فلسفہ، تصوف، ہیئت اور نجوم سب کا علم ماہرانہ تھا۔

## شاعری کی ابتدا

بیان نے جس خاندان میں آنکھیں کھولی تھیں، وہ خالص ادبی، علمی اور شعری تھا۔ اسی فضا میں ان کی ذہنی نشو و نما ہوئی جس کے باعث ان کو شاعری کا شوق ابتدائے سنِ شعور ہی میں ہو گیا تھا۔ مزاج بھی شاعرانہ تھا، لہٰذا ابتدائی کتب درسیہ کی تکمیل کے بعد کسی کے آگے زانوئے تلمذ تہہ کیے بغیر شعر کہنا شروع کیا۔ دہلی میں سید احمد حسن فرقانی میرٹھی سے ان کا براہِ راست رابطہ قائم ہوا۔ ان کی ادبی محفلوں کو دیکھنے اور ان میں شریک ہونے کا موقع ملا۔ اسی ماحول نے ان کے ذوقِ شعری کو بے انتہا تقویت پہنچائی۔ بیان صحیح معنوں میں تلمیذ الرحمن تھے اور فہیم و ذکی بھی، بہت جلد اس فن میں مہارت حاصل کر لی اور اپنے ذاتی جوہر، علمی قابلیت اور مشقِ سخن سے خود کمال حاصل کر لیا۔ امان اللہ خان شیروانی اپنے مضمون میں صغیر اصغر کے مضمون: غالب اور جعفر علی (مطبوعہ ماہنامہ ماہِ نو کراچی، مطابق ۱۹۶۵ء) کے حوالے سے بیان کی شاعری کے ابتدائی دور کے متعلق یہ واقعہ بھی لکھتے ہیں: (۱۹)

"بیان کسی کے شاگرد نہیں تھے۔ وہ تو فطری شاعر تھے۔ وہ بہت جلد مشہور ہو گئے اور صرف ۱۴ سال کی عمر میں ہی انھوں نے اردو زبان اور اردو شاعری میں اتنا عبور حاصل کر لیا تھا کہ بڑے بڑے اساتذہ کو بھی تعجب ہوتا تھا۔ ایک روز مرزا غالب کی زمین میں ایک غزل لکھی۔ غالب کا مطلع ہے:

غنچۂ ناشگفتہ کو دور سے مت دکھا کہ یوں
بوسہ کو پوچھتا ہوں میں منھ سے مجھے بتا کہ یوں

بیان کی غزل کے چند اشعار یوں ہیں:

صبحِ قیامت آئیگی کوئی نہ کہہ سکا کہ یوں
آئے وہ در سے ناگہاں کھولے ہوئے قبا کہ یوں
نرگسِ مہوشاں سے پوچھ، گردشِ آسماں سے پوچھ
سرمہ ہوئے وفا سرشت کیا کہوں اے خدا کہ یوں
ریختہ رشکِ فارسی اس سے نہ ہو سکا بیاں
محفلِ عرسِ میر میں شعر مرے سنا کہ یوں

یہ غزل وہ مرزا غالب کی خدمت میں لے گئے اور اصلاح کی درخواست کی۔ غالب نے غزل پڑھ کر واپس کر دی اور فرمایا: "میاں میں کیا اصلاح دوں جیسا میں نے کہا ویسا ہی تم نے کہہ دیا۔"

جس زمانے میں بیان دہلی میں تھے ان کی حیثیت فرقانی کے خاندان کے ایک فرد کی تھی۔ انھوں نے انھی ایام میں یقیناً غالب کو دیکھا ہو گا جن کی آمد و رفت فرقانی کے گھر تھی۔ بیان نے غالب کی خدمت میں کسی موقع پر یقیناً وہ غزل پیش کی ہو گی جس کا ذکر اوپر کیا گیا ہے۔

جب ۱۸۶۸ء میں سید کفایت علی ملازمت سے سبکدوش ہوئے تو یہ خاندان میرٹھ میں مستقل آباد ہو گیا۔ ان کے ساتھ بیان بھی میرٹھ آئے اور اس شہر میں مستقل سکونت اختیار کی۔ اس وقت میرٹھ کی فضا شعر و ادب کی کیفیتوں سے معمور تھی۔ جگہ

جگہ شعر و شاعری کے تذکرے تھے اور مشاعرے بھی کثرت سے ہوتے تھے۔ بیان کی شاعری کی نشو و نما میرٹھ کے جس ادبی اور علمی ماحول میں ہوئی تھی، اس پر ڈاکٹر سید صفدر حسین نے قندیلِ حرم کے دیباچہ میں سیر حاصل تبصرہ کیا ہے۔ کہتے ہیں: (۲۰)

"گھر کے ماحول کے علاوہ شہر کی علمی اور ادبی فضائیں تھیں جن میں بیان کے ادبی مذاق کی نشو و نما ہوئی۔ میرٹھ شہر سے دلی محض چالیس میل کے فاصلے پر واقع ہے اس لیے یہاں کی ادبی سرگرمیوں میں دبستانِ دہلی کے عناصر بہت قوی تھے۔ علاوہ ازیں خود میرٹھ ہی کی سرزمین سے مولانا امام بخش صہبائی جیسے جید عالم پیدا ہوئے تھے جنھوں نے دلی کی علمی، ادبی اور مذہبی فضا میں اپنا نمایاں مقام پیدا کر لیا تھا۔ میرٹھ میں انھیں کے ایک شاگرد مرزا رحیم بیگ رحیم بھی موجود تھے، جنھوں نے مرزا غالب کی علمی و ادبی مخالفت میں " قاطعِ برہان " تصنیف کی تھی۔ غالب کے ایک مخلص دوست ممتاز علی خان اور دو مخصوص شاگرد یعنی محبوب علی خان نیّر اور فصیح الدین رنج اسی شہر کے رہنے والے تھے۔ غالب کے علاوہ حکیم مومن خان مومن کے بعض شاگرد مثلاً نواب مصطفی خان شیفتہ اور مولا بخش قلق وغیرہ یہیں کے باشندے تھے۔ پھر بیان کے معاصرین میں مولانا شوکت میرٹھی، اسمٰعیل میرٹھی اور سید سجاد حسین ریحانی تھے۔ مختصر یہ کہ بیان کے ادبی شعور نے ایسے علمی ماحول میں آنکھ کھولی تھی۔ پھر انھوں نے اپنے ذاتی ذوق، علمی مطالعے اور ادبی صحبتوں سے وہ بصیرت حاصل کر لی تھی کہ اپنے ہم عصروں میں وہ مذہب و ملت، شعر و ادب، سیاست و حکمت و تہذیب اور معاشرت کے ایک مبصر خیال کیے جاتے تھے۔ علمی قابلیت، ہمہ دانی، قادرالکلامی، زود گوئی، حاضر جوابی اور شوخیِ طبع میں بھی اپنے معاصرین میں ان کا جواب نہ تھا۔"

یہاں یہ بتا دینا ضروری معلوم ہوتا ہے کہ کسی تذکرہ نگار نے بیان کو فرقانی میرٹھی

کا شاگرد لکھا ہے تو کسی نے اس کی تردید کی ہے اور انھیں تلمیذ الرحمن بتایا ہے گویا وہ کسی کے شاگرد نہیں تھے۔ اس سلسلے میں پیارے لال شاکر میرٹھی نے اپنے مضمون میں بیان کے چھوٹے بھائی سید حسین شرف کا یہ بیان بھی نقل کیا ہے:(۲۱)

"برادر مرحوم حقیقت میں کسی کے شاگرد نہ تھے۔ میر احمد حسن فرقانی ان کے ماموں تھے۔ برادر مرحوم ان کی تعظیم کرتے تھے اور اس لیے ان کو اپنا استاد بھی لکھ دیتے تھے۔ ورنہ حقیقت میں انھوں نے ان کو ایک شعر بھی بنظرِ اصلاح نہیں دکھلایا بلکہ بحیثیتِ شاعرانہ ان میں اکثر مباحثہ بھی ہو جاتا تھا۔"

لیکن ان سب کے باوجود یہ ایک مسلمہ حقیقت ہے کہ بیان کی تربیت اور ان کے ادبی ذوق کو پروان چڑھانے میں فرقانی کا زبردست حصہ تھا۔ یہی وجہ تھی کہ وہ ان کی بے انتہا عزت کرتے تھے۔ ان سے انھیں دلی عقیدت و محبت تھی۔ اس کا ثبوت وہ طویل مرثیہ ہے جو انھوں نے فرقانی کی وفات سے متاثر ہو کر لکھا تھا۔ تین بند کے یہ چند منتخب اشعار دیکھئے:(۲۲)

صیرفیِ نقدِ ہمامی تھے وہ
صیلقیِ نظمِ نظامی تھے وہ
پشتِ ظہوری و پناہِ ظہیر
شیخِ مصلّائے امامی تھے وہ

نام تھا اربابِ ہنر میں بلند
نامورِ شیوۂ نامی تھے وہ
مدِّ نظر تھا قدما کا کلام
کہنہ خیالات کے حامی تھے وہ

فرقتِ قرقانی وشاکی دریغ
رحلتِ فرقانی وشاکی دریغ
نطق میں تھی قند مکرر بھری
قند مکرر سے بھی نیکوتری
مرغِ زباں تھا چمنِ نظم میں
بلبلِ بستانِ زباں آوری
زندہ ہوئی مردہ زبانِ عجم
تھی لبِ اعجاز میں جادوگری
شعر میں ہر نکتۂ باریک تھا
طرۂ طغرائے سخن پروری
فرقتِ قرقانی وشاکی دریغ
رحلتِ فرقانی وشاکی دریغ
ہیں ترے ہم چشم کہاں اے بیاں
ڈھونڈتی ہے چشمِ جہاں اے بیاں
ڈال دیا مرگ نے اردو میں غدر
لٹ گئی دلی کی زباں اے بیاں
چھوڑ گیا راکھ کی صورت مجھے
قافلۂ راہ رواں اے بیاں
کیجیے کس کس کا بیاں بس خموش
روئیے کس کس کو یہاں اے بیاں

فرقتِ فرقانی وشا کی دریغ

رحلتِ فرقانی وشا کی دریغ

## جلوۂ طور کی ادارت

میرٹھ میں مستقل سکونت اختیار کرنے کے بعد بیان نے جلوۂ طور کی ادارت سنبھالی۔ یہ سلسلہ تقریباً پانچ چھ سال تک جاری رہا۔ جلوۂ طور ۱۸۶۱ء میں محلہ گنیش گنج، میرٹھ سے جاری ہوا تھا۔ جمعہ کے روز شائع ہوتا تھا۔ اس کے مہتمم و مالک رائے گنیشی لال اور پرنٹر و پبلشر شمبھوناتھ تھے۔ اس کا سالانہ چندہ ساڑھے نو روپئے تھا۔ سلطان المطابع میرٹھ میں بڑی تقطیع پر چھپتا تھا۔ جلوۂ طور کے ایڈیٹر کچھ عرصہ تک سید ظہیر الدین ظہیر بھی رہے۔ اسی طرح بعد میں اس کے مہتمم لالہ خوشی رام غالب ہو گئے تھے۔ بیان نے اپنے دور میں جلوۂ طور کے لیے جو مضامین لکھے تھے وہ بڑے بصیرت افروز ہیں۔(۲۳)

## کال کوٹھری

جلوۂ طور سے علاحدگی کے بعد ایسا معلوم ہوتا ہے کہ بیان پر وہ مجنونانہ کیفیت طاری ہوئی جس کا وہ کم و بیش تاعمر شکار رہے۔ بعض تذکرہ نگار کہتے ہیں کہ اوائل عمر میں ان کے والد انھیں شعر و سخن میں اوقات گزاری سے منع فرماتے تھے لہٰذا انھوں نے بہانا کیا کہ مجھ کو روشنی میں چکاچوند لگتی ہے اور یوں گھر کے ایک اندھیرے کمرے میں بند رہ کر اپنا شوق پورا کرنے لگے۔ بعض کا خیال ہے کہ انھوں نے جو الفاظ زبان سے نکالے تھے، آخر

وہی ہو کر رہا اور وہ واقعی عارضۂ چکا چوند کا شکار ہو گئے۔ بعض اسے وہم کا نتیجہ قرار دیتے ہیں۔ حکیم محمود خاں کا خیال تھا کہ یہ مرض ذہین لوگوں کو ہوا کرتا ہے۔ اس مرض کے سلسلے میں بیان کے چھوٹے بھائی سید حسین شرف نے پیارے لال شاکر میرٹھی کو یہ تفصیل بتائی ہے:(۲۴)

"حالت مرض یہ تھی کہ قریب دو سیر وزن کی کپڑے کی گٹھری بنا کر دماغ پر رکھتے تھے اور کہتے تھے کہ دماغ بغیر اس کے اڑا جاتا ہے۔ تاریک کمرے میں شب و روز رہتے تھے۔ اس کے دروازوں پر پنبئی پردے پڑے رہتے کہ روشنی مطلق نہ آ سکے۔ ہانڈی کے پکنے اور چھالیہ کا ٹنے کی آواز بھی ناقابلِ برداشت تکلیف دیتی تھی۔ نہایت خفیف شور سے بھی وہ سخت پریشان ہو جاتے تھے۔ اگر کسی ضرورت سے باہر نکلتے تو چھتری لگا کر کہتے تھے کہ تاروں کی روشنی سے اذیت پہنچتی ہے اور تارے دماغ میں چبھتے ہیں۔ اس مرض میں وہ تمام عمر مبتلا رہے۔ شور سے اب مطلق پریشان نہ ہوتے تھے۔ مکانِ تاریک کی نشست ترک کر دی تھی۔ کپڑوں کی گٹھری سر سے کندھوں پر اتر آئی تھی۔"

ان کے متعلق یہ بات بھی مشہور ہے کہ انھیں یہ وہم ہو گیا تھا کہ اگر وہ باہر نکلیں گے تو پریاں اٹھا کر لے جائیں گی۔(۲۵) انھیں صفائی کا مطلق خیال نہ تھا۔ ہمیشہ ایک لحاف اوڑھے رہتے اور پلنگ پر ہی نہا لیا کرتے تھے۔ بیان کے خطوط میں بھی ان کی مسلسل بیماری، جسمانی ضعف اور ذہنی پریشانیوں کے اشارے ملتے ہیں۔ وہ اپنے ماموں سید مہدی علی کو ایک خط میں لکھتے ہیں:

"میں بھائی کی طرف ایک دری کی کوٹھی میں رہتا ہوں۔ تعدادِ مکانات سببِ حسرت نہیں۔ کیوں کہ:

چال ہے مجھ ناتواں کی مرغِ بسمل کی تڑپ

ہر قدم پر ہے گماں یاں رہ گیا، واں رہ گیا

(تیغ ہندی، ص:۵)

میر حیدر علی کو ایک خط میں اپنی کیفیت اس طرح بتاتے ہیں:

"اب آپ اپنے عجیب الخلقت دوست کا بھی حال سنیں۔ بیمار ہیں، بیکار ہیں، دنیا سے بیزار ہیں، ہمہ تن زار ہیں، بلکہ آزار ہیں، زحمتِ امراض سے ناچار ہیں، رحمتِ الٰہی کے طلب گار ہیں۔ بیٹھتے ہیں گھر کی طرح، اٹھتے ہیں چھپر کی طرح۔ چلتے ہیں جنازے کی طرح۔ خدا عفو و عافیت دے۔" (تیغ ہندی، ص:۶۱)

مولوی ظفر احمد کو خط کا جواب نہ لکھنے کی شکایت کے جواب میں لکھتے ہیں:

"جب تمہارا خط آیا تھا، میں تپ و لرزہ میں مبتلا تھا اور اس بلا کا تپ و لرزہ تھا، گویا زمین کو پہنچا آیا تھا۔ کئی دن بے ہوش رہا۔ بعض کو حیات میں تردد رہا اور مجھ کو تو اب بھی ہے۔" (تیغ ہندی، ص:۹۴)

مولوی ظفر احمد کو ایک اور خط میں پھر خط نہ لکھنے کی شکایت کرتے ہوئے لکھتے ہیں:

"اگر میں بے نصیب ہو گیا، تم تو خوش نصیب ہو۔ اگر میں ذلیل ہو گیا، تم تو ہنوز عزیز ہو۔ صاحبِ تمیز ہو۔ اگر مجھ میں علالت سے حالت نہیں، تمہاری حالت کہاں گئی باوجودیکہ علالت نہیں۔ اگر ہمارا حال ردّی ہے، تمہاری نیت میں کیوں بدی ہے۔ ہم بے دست و پا ہو کر چل نہیں سکتے کہ تم تک جاتے، تم ہاتھ پیر والے ایسے نکلے کہ ہم تک نہیں آتے۔" (تیغ ہندی، ص:۱۰۳)

انھیں مولوی ظفر احمد کو کیفیت دریافت کرنے پر ایک دوسرے خط میں پھر لکھتے ہیں:

"شفا کہاں۔ مرض بڑھتا رہا جوں جوں دوا کی۔ بیمار چلا جاتا ہوں۔ غلط کہتا ہوں۔

اب اس قدر ضعف ہے کہ چلا نہیں جاتا۔ لیکن

چلا ہی جاتا ہوں میں، گو چلا نہیں جاتا

غضب ہے شوقِ رسائی و دوریِ منزل

پہلے پڑا تھا مگر بھلا تھا۔ اب اچھا نہیں، اچھا نہیں۔۔۔ پلنگ پر پڑا، کبھی ہوش ہے، کبھی بے ہوش ہوں۔ آسمان دیکھتا ہوں اور خاموش ہوں۔" (تیغ ہندی، ص:۹۵)

غرض کہ بیان پھر اس کوٹھری سے باہر نہیں نکلے اور عنفوانِ شباب سے آخر عمر تک وہیں گوشہ نشین رہے۔ اس کال کوٹھری میں بیٹھے بیٹھے بیان شاعری اور علم و ادب کی خدمت کرتے رہے۔ یہیں ہمہ وقت شاگردوں کا مجمع رہتا۔ ان کی غزلوں پر اصلاح دی جاتی۔ شعر و شاعری پر بحث ہوتی۔ اخباروں کے لیے مضامین لکھے جاتے۔ مخالفوں کے جواب تحریر ہوتے۔ شاعری کے گلدستوں کی آرائش کی جاتی اور اخبارات و رسائل کی ترتیب و تدوین کا کام ہوتا۔ اس میں کوئی شک نہیں کہ یہ اندھیری کوٹھری ادبی اعتبار سے ایک ایسی زرخیز جگہ تھی، جس میں ہمیشہ رنگ برنگ پھول کھلتے رہتے تھے، جو اپنی بو قلمونی، رنگارنگی اور شادابی سے آج تک حلقۂ ادب کو پُر بہار بنائے ہوئے ہیں۔

اس سچائی کی تصدیق سر عبد القادر ایڈیٹر ماہنامہ مخزن، لاہور کے مندرجہ ذیل بیان سے بھی ہوتی ہے جنھوں نے بیان کو قریب سے دیکھا تھا۔ وہ اپنے مضمون یادِ رفتگاں میں لکھتے ہیں:(۲۶)

"جب جلسہ (کل ہند محمڈن ایجوکیشنل کانفرنس، میرٹھ، ۱۸۹۶ء) ختم ہو لیا اور لوگ منتشر ہو گئے اور جو کچھ باقی تھے میرٹھ سے روانگی کی تیاریاں کر رہے تھے۔ اس وقت میں اپنے خیمے سے نکلا اور سر سید کے خیمہ کی طرف جانے لگا کہ ان سے رخصت ہولوں کہ اتنے میں میری نظر ایک پالکی پر پڑی جس میں ایک بزرگ روئی دار انگرکھا پہنے

ہوئے لیٹے ہوئے تھے۔ میں اس پالکی کے پاس پہنچا تو کیا دیکھتا ہوں کہ حضرت بیان یزدانی ہیں۔ چند سال پہلے ایک دفعہ ان سے ملاقات کا موقع ہوا تھا۔ مرحوم ایک عرصہ سے علیل اور صاحبِ فراش تھے۔ جب میں نے انھیں پہلی مرتبہ دیکھا تھا۔ جب بھی ایک چھوٹے سے اندھیرے کمرے میں لیٹے ہوئے تھے۔ مگر یہ معذوری ان کی طبیعت کی روانی پر غالب نہیں آئی تھی اور وہ اسی حالت میں دادِ سخنوری دیتے رہے۔ شاگردوں کی غزلوں کی اصلاح کرتے تھے اور دیگر علمی مشاغل میں مصروف رہتے تھے۔"

## طوطیِ ہند کا اجرا

اسی ذہنی پریشانی اور مسلسل بیماری کے عالم میں بیان نے یکم جنوری ۱۸۸۱ء کو ایک مطبع حدیقۃ العلوم کے نام سے جاری کیا۔ اس کے کاتب شوکت علی اور لوح نویس قائم علی تھے۔(۲۷) انھوں نے اسی پریس سے اسی سال (۱۸۸۱ء) اپنا ذاتی ہفتہ روزہ طوطی ہند جاری کیا جس نے صحافتی دنیا میں کافی شہرت حاصل کی۔ اس میں خبروں کے علاوہ ادبی اور تنقیدی مضامین اور منظومات بھی شائع ہوتی تھیں۔ طوطی ہند کبھی کبھی اپنے معاصرین سے بھی الجھتا رہتا تھا۔ جس زمانے میں اس کا اجرا ہوا ہے "اودھ پنچ" اور "اخبار فتنہ" کے درمیان تیز و تند صحافتی جنگ چھڑی ہوئی تھی۔ بیان نے پہلے "اخبار فتنہ" کے خلاف مضامین کا سلسلہ شروع کیا۔ حالانکہ بیان کے تعلقات ابتدا میں ریاض خیر آبادی (ایڈیٹر فتنہ) سے بہت اچھے تھے اور نادم سیتا پوری کے بیان کے مطابق:(۲۸)

"ریاض، آزاد (محمد نذیر) اور محمد مرتضیٰ بیان میر ٹھی کا اتحادِ ثلاثہ ایک خاموش بساطِ شعر وادب بنا ہوا تھا۔ ان تینوں کے درمیان ایک مسلسل روزنامچہ گردش کناں رہتا، جس میں نجی زندگی کے علاوہ ادبی اور سماجی زندگی کے چٹخارے بھی ہوتے تھے۔ فل ا

سکیپ سائز کا یہ روزنامچہ برابر ان تینوں کے گرد چکر کاٹتا رہتا تھا اور اس میں یہ تینوں افراد اضافہ کرتے رہتے تھے۔ خانگی مصروفیات اور نجی زندگی کے علاوہ اس ڈائری میں تازہ افکار بھی ہوتے اور حالاتِ حاضرہ پر تبصرہ بھی۔"

بعد کو منشی سجاد حسین ایڈیٹر اودھ پنچ سے ٹھن گئی، جس نے اتنی شدت اختیار کر لی کہ بات ضلع جگت سے گزر کر جھگڑ بازی اور گالی گلوج تک پہنچ گئی۔ اودھ پنچ کے ادارۂ تحریر میں ایک سے بڑھ کر ایک انشاء پرداز اور شاعر تھا۔ یہ حضرات بیان کے اخبار طوطیِ ہند کی رعایت سے چڑیا گھر کا تلازمہ اور اصطلاحات استعمال کر کے ان کا مذاق اڑاتے تھے۔ لیکن بیان تنہا ان سب کے اعتراضات کا جواب مختلف ناموں سے نظم و نثر میں دیتے۔ انھوں نے طوطیِ ہند میں اودھ پنچ کے بالمقابل میرٹھ پنچ کے عنوان سے ضمیمے کا اضافہ کیا۔ یہ ہر جمعہ کو چار صفحات پر شائع ہوتا تھا۔ افسوس کہ طوطیِ ہند اور میرٹھ پنچ کے پرچے اب نایاب ہیں، لہٰذا معرکہ آرائی کا نمونہ پیش کرنے سے قاصر ہوں۔

جناب امداد صابری نے طوطیِ ہند کے خلاف اودھ پنچ کے مضمون کا جو نمونہ اپنی کتاب تاریخ صحافت اردو میں پیش کیا ہے، اسے یہاں نقل کیا جاتا ہے، تاکہ معرکہ آرائی کے معیار کا اندازہ ہو جائے۔ مضمون کا آغاز ان اشعار سے ہوتا ہے:(۲۹)

نہ بھونکو، تو بتادیں دل میں اپنے کیا سمجھتے ہیں
تمھیں بھی ہم سگِ قصاب کا پلا سمجھتے ہیں
گدھے میرٹھ کے اپنے خر کو بھی عیسیٰ سمجھتے ہیں
پناہِ تاج و گاہِ کشورِ معنیٰ سمجھتے ہیں
دوات اک کوسِ شاہی ہے قلم ڈنکا سمجھتے ہیں

اے ذناب! تو یہ بھول گیا جناب۔ آپ ہی کی مبلغ استعدادِ حسن لیاقت پر کیا کم شور

و غوغا تھا۔ خمسہ مورخہ ۱۲ نومبر ۱۸۸۱ء میں اپنے حضرت استاد کو کیوں گرد آباد کیا! اگر بقول شخصے "خود فراموشی کند نامے نہد استادرا" کا مضمون ہے تو خیر، اگر واقعی آپ کے استاد جی کا وہ خمسہ تصنیف شریف ہے تو لا حول ولا قوۃ الا باللہ العلی العظیم۔ مانتا ہوں مصرعوں کو ایسا گانٹھا ہے، جیسے دیہاتی چماپھٹا جوتا گانٹھتے ہیں۔ ہر مصرع بادِ ہوائی، گوزِ شتر، کوئی کل درست نہیں۔ الفاظ بے معنی، ترکیب لایعنی، پناہِ تاج و گاہِ کشورِ معنی، کیا خوب، لوندہاے بہ نظر ظرافت ترکیب دی گئی ہے۔ کچھ اور نہ سمجھنا۔ الفاظ کے سوا معنی خاک نہیں۔ مصرع ثانی کی ترکیب بھی نئے فیشن کی۔ مصرع ثالث مصرع چہارم کے مقابل میں اگر کوئی ہانک بول اٹھا ہے۔ ابے چمار، پوری فکر کیوں نہ کی۔ اپنے ہی شعر پر مصرعے لگائے ہوتے۔

جناب امداد صابری نے اپنی کتاب میں طوطیِ ہند کے متعلق یہ معلومات دی ہیں:(۳۰)

"یہ ہفتہ وار اخبار میرٹھ سے ۱۸۸۱ء کو ظہور پذیر ہوا تھا۔ اس کے بانی سید محمد مرتضیٰ صاحب بیان ویزدانی اور مہتمم منشی ولایت علی خان جادو مختار عام مالک مطبع حدیقۃ العلوم، ایڈیٹر سید کرار حسین صاحب روحانی تھے۔ بعد میں اس کے مالک سید سجاد حسین ریحانی ہوگئے تھے۔"

اسی طرح وہ میرٹھ پنچ کے متعلق یہ اطلاع فراہم کرتے ہیں:(۳۱)

"میرٹھ سے یہ ہفتہ وار اخبار چار صفحات پر ۱۸۸۱ء کو شائع ہوا۔ اس کے جاری ہونے کا جمعہ کا دن تھا۔ مالک مولوی سید محمد مرتضیٰ صاحب بیان ویزدانی، مہتمم ولایت علی جادو، ایڈیٹر سید کرار حسین صاحب روحانی تھے۔ سالانہ چندہ ڈیڑھ روپیہ تھا۔ یہ طوطی ہند کا ضمیمہ تھا۔"

بیان نے یہ پرچہ اپنے حقیقی ماموں سید مہدی علی کے کہنے پر فرقانی میرٹھی کے بیٹے: سید سجاد حسین ریحانی / سید کرار حسین روحانی کو فروخت کر دیا تھا۔ جیسا کہ سید مہدی علی کے نام ان کے خط کے اس اقتباس سے ظاہر ہے:

"حضرت۔ اگر آپ اونچے ہیں تو دامن نیچے رکھیئے تاکہ دامن اور ہاتھ کا ساتھ نہ چھوٹے۔ بذل و احتیاج کا رشتہ نہ ٹوٹے۔ خاص آپ کے کہنے سے ہم نے "طوطی ہند" بیچ دیا اور بے پر ہو بیٹھے۔ اب مطبع بے آمدنی ہے۔ بعد اس کے آپ نے بات بھی نہ پوچھی۔ ناانصافی نہیں تو اور کیا ہے۔" (تیغ ہندی، ص:۸۰)

اسی طرح بشیر الدین عاقل کو ایک خط میں لکھتے ہیں:

"طوطی ہند، بیچ دیا۔ دریں چہ شک۔ اپنی بلا سے چہ چہ کرے کہ خاموش ہو جائے۔ میرے پاس ہوتا تو تمہارا پاس رکھتا۔ ہم نے دور کیا، تم سے دور رہا۔ طوطے میں وفا کہاں۔ مزاج کیا پوچھتے ہو۔" (تیغ ہندی، ص:۶۰)

ہماری تحقیق کے مطابق یہ واقعہ ۱۸۸۳ء کے اواخر کا ہے۔ یوں یہ پرچہ تقریباً تین سال ان کی ملکیت میں رہا اور اس تین سال کے عرصے میں اس نے زبردست ادبی معرکہ آرائی کی اور علمی و ادبی حلقوں میں کافی دھوم مچائی۔ ہمارے خیال سے اس پرچے کو فروخت کر دینے کا اصل سبب ان کی نفسیاتی اور ذہنی بیماری کا غلبہ تھا۔ جب اس کا اثر کچھ کم ہوا تو انھیں ایک نیا رسالہ جاری کرنے کی پھر فکر ستانے لگی۔ ان کی اس فکر کو ان کے خطوط میں دیکھا جا سکتا ہے۔ اپنے شاگرد شاد سہارنپوری کو لکھتے ہیں:

"اے شاد! نقش رہ جائے گا، نقاش مٹ جائیں گے۔ حروف رہ جائیں گے، حریف اٹھ جائیں گے۔ اگر ہمارا اخبار دوبارہ نیا نکلے تو تم سہارن پور میں کے پرچوں کی مدد کر سکتے ہو۔" (تیغ ہندی: ص:۸۲)

اپنے ایک اور شاگرد ولایت علی جادو کے نام ۱۱ اکتوبر ۱۸۸۴ء کے ایک خط میں تحریر کرتے ہیں:

"جی چاہتا ہے کہ دوبارہ اخبار جاری کریں۔ اگر تم دس پرچہ لگوا سکو تو زور لگائیں۔ ورنہ خیر۔ مگر بغیر پیشگی کیوڑہ ندارد۔" (تیغ ہندی: ص: ۸۲)

بیان نے جی ای وارڈ صاحب کمشنر میرٹھ کے نام جو خط لکھا ہے اس میں بھی اس حقیقت کا اظہار ملتا ہے:

"گزارش یہ ہے کہ اگر پچھلی درخواست نامنظور ہے تو ایک اور سہل درخواست کرتا ہوں اور وہ یہ ہے کہ یکم جنوری ۱۸۸۵ء سے میں ایک رسالہ شائع کروں گا جس کا نام "وارڈ نامہ" ہو گا۔ اس میں کل علمی مضامین نظم ہوں گے۔ اخلاقی اور پولٹیکل و سوشل مضامین بھی نظم میں لکھے جائیں گے۔ لیکن یہ نظم ایشیائی نمونے پر نہ ہو گی جو تکلفات اور مبالغے سے اور جھوٹی باتوں سے بالکل بھری ہوتی ہے۔ بلکہ انسان کے سچ خیال کی تصویر ہو گی۔ اگر آپ اپنے ماتحتوں میں دو سو پرچے اس رسالے کے، بقیمت پیشگی نشر کر دو گے، جو حضور کے ایک ادنیٰ اشارے سے با آسانی ممکن ہے تو یہ مبارک علمی یادگار دیر تک ہندوستان کی آنکھوں میں چمکتی رہے گی۔ البتہ کام شروع کرنے کے لیے حضور کو جیب خاص سے بطور پرورش فقط پچاس روپئے مرحمت فرمانے ہوں گے۔ اگر حضور اس تجویز کو منظور فرماویں تو یکم جنوری ۱۸۸۵ء سے پہلے مجھ کو اس کے بابت اطلاع اور اطمینان ہونا چاہئے۔" (تیغ ہندی، ص: ۸۷)

## لسان الملک کا اجرا:

بیان کی یہ آرزو پوری ہوئی اور انھوں نے جون ۱۸۸۷ء کو ماہنامہ لسان الملک جاری

کیا۔ اس کا شمار اس زمانے کے معیاری رسائل میں ہوتا تھا۔ ۲۰ صفحات کا یہ ماہنامہ ۲۶X۸ / ۲۰ سائز پر نہایت ہی اہتمام کے ساتھ مطبع حدیقۃ العلوم میرٹھ سے شائع ہوتا تھا۔ سالانہ چندہ دو روپئے تھا۔ اس کے مہتمم منشی احمد شفق تھے۔ پرچے کی کتابت و طباعت بھی عمدہ تھی۔ محمد محسن اس کی کتابت کیا کرتے تھے۔ اس میں ہر ماہ دو طرحی مصرعے دیے جاتے تھے۔ مصرع برائے دیوان عام اور مصرع برائے دیوان خاص۔ شعرا سے دونوں طرحوں میں طبع آزمائی کی درخواست کی جاتی تھی اور انھیں دونوں عنوان کے تحت موصولہ غزلوں کا انتخاب شائع ہوتا تھا۔ عموماً دیوان خاص کے لیے اساتذہ اور دیوان عام کے لیے مبتدی شعرا غزلیں ارسال کرتے تھے۔ شاید یہ تخصیص اسی لیے تھی۔ بیان کی اردو اور فارسی غزلوں اور دیگر منظومات کے علاوہ اس میں ان کے بیشتر شاگردوں کا کلام بھی شائع ہوتا تھا۔

بیان اس کا اداریہ خود کبھی نظم اور کبھی نثر میں لکھا کرتے تھے۔ وہ جہاں ایک بلند پایہ شاعر تھے، وہیں موثر نثر نگار بھی تھے۔ ان کی نثر نگاری کے کامیاب نمونے لسان الملک کے صفحات پر بکھرے ہوئے ہیں۔ انھیں ناول نگاری سے بھی دلچسپی تھی۔ جون ۱۸۹۳ء کے شمارے سے ان کا ناول "خداپرست کا ناول المسمیٰ بہ گل عباس" قسط وار شائع ہونا شروع ہوا تھا اور یہ سلسلہ آخری شمارے تک جاری رہا۔ اس میں انھوں نے استاد و شاگرد کا مکالمہ لکھ کر تصوف کے رموز و حقائق یعنی خدا کیا ہے، خدا کی صفات اور نبوت و رسالت پر مدلل بحث کی ہے۔ بیان کے اور دو مختصر ناول "صندلینہ کی سیر" اور "عشقِ عظیم" بھی اسی پرچے میں شائع ہوئے ہیں۔ علاوہ ازیں "حل المطالب" کے عنوان سے دیوان غالب کی شرح بھی قسط وار چھپتی رہی ہے۔ شرح کلام غالب کا سلسلہ دسمبر ۱۸۹۵ء سے شروع ہوا اور ۱۳ غزلوں سے آگے نہ بڑھ سکا تھا کہ بیان کا انتقال ہوگیا۔ ہم نے یہ

شرح پہلی بار مرتب کر کے سہ ماہی تحریر، نئی دہلی (شمارہ:۴۶) میں چھپوادی ہے۔ یہ ہماری مطبوعہ کتاب: بیان میرٹھی اور غالب میں بھی شامل ہے۔

## طوفان

انھوں نے ایک ظریفانہ رسالہ طوفان بھی جاری کیا تھا، جو لسان الملک کے ضمیمہ کے طور پر شائع ہوتا رہا۔ اس کے ابتدائی چار شمارے ملے ہیں، جن پر تاریخِ اشاعت درج نہیں ہے۔ صفحات کی مجموعی تعداد ۲۸ ہے۔ ابتدائی تین شمارے آٹھ آٹھ صفحات پر مشتمل ہیں۔ آخیر کا شمارہ ۴ صفحات کا ہے۔ اس میں انھوں نے ایڈیٹر کلالِ ہند کی اچھی درگت بنائی ہے۔ سرورق کے نصف حصے پر یہ اشعار ہیں:

بسم اللہ الرحمن الرحیم

خنجرِ برّاں پئے دیو رجیم

لشکرِ طوفاں سپسِ قوم راند

خطبۂ لاعاصم الیوم خواند

آج ہے جوش پہ طوفاں میرا

دل ہے جوشان وخروشاں میرا

پھر آواز آنے لگی اے حبیب

کہ نصر "من اللہ فتح" قریب

صورتے گردد مجسم فتح گوید آشکار

لافتیٰ الا علی لاسیف الاذوالفقار

پڑھ کے بسم اللہ قدم رکھتا ہوں میں گھمسان میں

آج دیکھوں کون ٹھہرے سامنے میدان میں

"ذوالفقار قاتل فجاز" (پہلا دم) کے عنوان سے مضمون شروع ہوتا ہے، جس میں کلالِ ہند یکم اگست ۱۸۸۸ء کے کسی مضمون پر سخت اور فحش الفاظ میں تنقید کی ہے۔ نثر کے درمیان چار طنزیہ نظمیں بھی ہیں۔ مسدس طفل شگاف (کھوسٹ اخبار کے مسدس کی چھتاڑ) کے چند بند قلم بند کیے جاتے ہیں:

کھا کھا کے لقمہ ہائے حرامِ ایڈیٹری
گندہ کیا ہے تونے مشامِ ایڈیٹری
اللہ مینڈکی کو زکامِ ایڈیٹری
تہمت ہے اس کلال پہ نامِ ایڈیٹری
تجھ کو کہاں نصیب مقامِ ایڈیٹری
بڑھیا کا کوٹ ہے کوئی بامِ ایڈیٹری
جا سامنا ہمارا نہ او طفلِ شوم کر
ہفتاد پشت کو تری رکھ دیں گے توم کر
نیزے ہزار چھوڑ دیے ہم نے چوم کر
دنگل میں ہم اٹھائیں گے ہتھیار جھوم کر
تجھ کو کہاں نصیب مقامِ ایڈیٹری
بڑھیا کا کوٹ ہے کوئی بامِ ایڈیٹری
کوسِ فلک میں ہے مرے ڈنکے کا غلغلا
اب تک اودھ میں ہے مری ٹیپوں سے زلزلا

گھٹتا ہے کوئی شیر جوانوں کا ولولا
رہ جائے گا تو پہلے ہی دھکے سے تلملا
تجھ کو کہاں نصیب مقامِ ایڈیٹری
بڑھیا کا کوٹ ہے کوئی بامِ ایڈیٹری
پڑنے لگیں گے چاند پہ جب ٹھائیں ٹھائیں ٹھائیں
کٹنے لگیں گی او کھلیاں دھائیں دھائیں دھائیں
ہلڑ مچے گا چاروں طرف ہائیں ہائیں ہائیں
لونڈے یہ بھول جائیں گے سب آئیں بائیں شائیں
تجھ کو کہاں نصیب مقامِ ایڈیٹری
بڑھیا کا کوٹ ہے کوئی بامِ ایڈیٹری
ہم سے نہ او کلال کبھی رنگ لائیو
محفل میں اپنی دخترِ رز کو نچائیو
اور بن بٹو میں جا کوئی اڈا بنائیو
دیوث۔۔۔ پہ تو بھاڑ کھائیو
تجھ کو کہاں نصیب مقامِ ایڈیٹری
بڑھیا کا کوٹ ہے کوئی بامِ ایڈیٹری

## سرسید کی تحریک سے دلچسپی

۱۸۵۷ء کے انقلاب کے بعد مسلمانوں کے دل و دماغ پر خوف و ہراس چھا گیا تھا۔ سرسید احمد خان کی مفکرانہ نگاہیں اس حقیقت کو پا گئیں کہ حکومتِ وقت کی حمایت کے

بغیر مسلمانوں کا ترقی کی منزل کو چھونا اور اپنی کھوئی ہوئی عظمت کو دوبارہ حاصل کرنا ناممکن ہے۔ لہٰذا انھوں نے مسلمانوں کو انگریزوں پر اعتماد کرنے کا مشورہ دیا اور مغربی علوم سے روشناس کرا کے یورپ کی ترقی یافتہ قوموں کے بالمقابل کھڑا کرنے کی کوشش کی۔ مدرسۃ العلوم، علی گڑھ اسی سلسلے کی ایک کڑی تھی۔ جب ۱۸۷۷ء میں لارڈ لٹن کے ہاتھوں اس کا سنگِ بنیاد رکھا گیا تو چاروں طرف سے مخالفت ہوئی لیکن بعض دور اندیش حضرات نے اس تحریک کی ہر طرح سے موافقت کی۔ اسی تحریک کے آخری گروہ میں بیان کا اسم گرامی بھی قابلِ ذکر ہے۔

جس وقت سرسید کی یہ اصلاحی اور تعلیمی تحریک اپنے شباب پر تھی، بیان جوانی کے دور سے گزر رہے تھے۔ انھوں نے ہر طرح سے اس تحریک کا ساتھ دیا۔ اپنی نظم اے قوم اور طالب علموں سے خطاب میں تعلیم کی اہمیت کو واضح کیا۔ محمد یحیٰی تنہا کے بیان کے مطابق جب ایک مرتبہ جلسۂ عام نوچندی میں سرسید احمد خاں کو دعوت دی گئی اور وہ تشریف لائے تو بیان نے سرسید کی شان میں ۳۹ شعر کی اردو میں ایک نظم لکھی جو اس جلسہ میں بڑے بڑے اکابر قوم اور بعض صاحبانِ انگریز کی موجودگی میں پڑھ کر سنائی گئی۔ اس نظم کے چند اشعار یہ (۳۲)

تا کجا اے دوستو! خوابِ گراں
آن پہنچا پیشوائے کارواں
چاہیے آنکھیں بچھائیں زیرِ پا
شانِ حق آپ اور ہمارے میہماں
آپ کی تقریر کے اعجاز نے
ڈال دی ہے ہمتِ مرداں میں جاں

زیرِ گردوں پھر وہ گلشن ہو ہرا
آگئی ہے جس کے گوشوں میں خزاں
افتخارِ ہند سید کے قدوم
پھر بھی دکھلائے خداوندِ جہاں
پھر اُٹھے مجلس سے گلبانگِ چیئرس
آئے پھر کاغذ سے آوازِ بیاں

بیان نے کل ہند محمڈن ایجوکیشنل کانفرنس میرٹھ (۱۸۹۶ء) کے موقع پر لسان الملک میں اس کانفرنس کی موافقت میں مضمون لکھا اور اکابرینِ کانفرنس کی تعریف میں فارسی کا ایک قصیدہ بھی شائع کروایا۔ جس کی اٹھان، الفاظ کے زور و شور اور ترکیبوں کی پختگی کو دیکھ کر قاآنی یاد آتا ہے۔ اس قصیدے کے چند شعر دیکھئے:(۳۳)

ساقی بر اور مے زدن کاوانِ یاراں آمدہ
وز کہساراں قطرہ زن ابرِ بہاراں آمدہ
اردی بہشت آمد کنوں، گلشن بہشت آمد کنوں
از خشت خشت آمد کنوں تا گل در ایوں آمدہ
از گل نشاط انگیختن وز باد عنبر بیختن
از ابر لولو ریختن وز چاک داماں آمدہ
مرغ از طرب دستاں زند، گل خنداں چوں مستاں زند
چقماں درِ بستاں زند برقے کہ رخشاں آمدہ

**در مدح سید محمود**

ترکانِ تازی رانگر، پیرِ حجازی رانگر
محمود غازی رانگر، بافرِّ سلطاں آمدہ
دانش ورش راج کند، دارائے ہندش بج کند
عزت کلاہش کج کند، فرّش فراواں آمدہ
درروئے آں شیوہ بیاں، لرزد ایڈیسن رازباں
پیچیدہ لکنت در دہاں لب زیرِ دنداں آمدہ
تادرادب بکشاہ لب زی در گہش بکشادہ لب
سحباں زاقصائے عرب ہومر زیوناں آمدہ

## در مدح حسین بلگرامی

آں سید جید حسین، آں مصطفی رانور عین
صدرِ شرف رازیب وزین دربزم اعیاں آمدہ
گویند نامی گوہر است او بلگرامی گوہر است
لابل گرامی گوہر است کز عدنِ عدناں آمدہ

اتنا ہی نہیں بلکہ اپنے حجرے سے باہر آ کر کانفرنس کے اختتام پر سرسید احمد خاں سے ملاقات بھی کی اور ان کی تحریک کی شانِ میں فارسی کا ایک قصیدہ پڑھ کر سنایا، یہ کانفرنس ایک خاص شان امتیازی لیے ہوئے دسمبر ۱۸۹۶ء میں نواب عمادالملک سید حسین بلگرامی کی صدارت میں ہوئی تھی۔ اس میں نامی گرامی ہستیوں نے شرکت فرمائی تھی جن میں نواب محسن الملک، سید محمود، ڈپٹی نذیر احمد، میاں محمد شاہ دین، میاں محمد شفیع، صاحبزادہ آفتاب احمد خان اور سر عبد القادر کے اسمائے گرامی نمایاں ہیں۔ بیان کو امید

تھی کہ انھیں اس کانفرنس میں نظم سنانے کے لیے مدعو کیا جائے گا۔ اس امید کے تحت انھوں نے ایک پر جوش مسدس بعنوان اسلام کا سرنگوں علم لکھا تھا۔ لیکن محسن الملک نے کانفرنس میں نظمیں سنانے پر پابندی لگا رکھی تھی اس لیے بیان کو دعوت نامہ تک نہیں دیا گیا۔ بیان کی خود دار طبیعت نے بغیر دعوت نامے کے کانفرنس میں شرکت کرنا گوارا نہیں کیا اس لیے انھوں نے کانفرنس کے اختتام کے بعد سرسید سے ملاقات کی اور ان سے اور ان کی تحریک سے اپنی دلی محبت کا ثبوت دیا۔ اس سلسلے میں وہ لسان الملک (جنوری ۱۸۹۷ء) میں کانفرنس کا خاتمہ کے عنوان سے ص:۸ پر انتہائی پُر درد انداز میں لکھتے ہیں:

"نواب محسن الملک کا وعید نامہ سنا کہ نظم نہ پڑھی جائے گی۔ ہم نے اپنا ارادہ تہہ کر رکھا۔ ۲۶ دسمبر (۱۸۹۶ء) کو مطلع صاف تھا مگر ہمارا ناظم مکدر۔ ۲۷ کو بارش ہوئی۔ مصمم قصد پر اوس پڑ گئی۔ پھر سنا گیا نظمیں دھڑا دھڑ سنائی جا رہی ہیں۔ سمندِ طبع گرمایا لیکن وقت ہم سے آگے چل دیا۔ دوسرے دن کی ٹھہری۔ پھر سیلِ بارش دوڑی آئی۔ ارادہ سیل ہو گیا۔ بعد ۱۲ بجے کے ابر نے راستہ چھوڑ دیا۔ خیال ہوا۔ گیا ہاتھی نکل اور رہ گئی دم۔ خیر جو کچھ رواروی میں ہاتھ آئے غنیمت ہے۔ ناچار چلیے۔ بیمار خانہ یعنی پالکی میں بیٹھ کر، یہ جاوہ جا۔ دیکھا کہ خس بالکل کم ہے۔ فقط عطرِ خس باقی ہے۔ سید محمد میر صاحب نے کمالِ اخلاص سے توجہ خاص میں پیش قدمی فرمائی۔ اتر کر سرسید سے ملاقات کی۔ حضرت کرسی پر کوہ شکوہ نظر آتے تھے۔ لالہ خونیں جگر کی طرح ہم بھی دامنِ عزت میں جا جمے۔

او نقد صد تحسیں بکف من جنس دیواں در بغل"

اس سچائی کی تصدیق سر عبد القادر (ایڈیٹر مخزن، لاہور) کے مضمون یادِ رفتگاں (مطبوعہ: ادبی دنیا، لاہور، نوروز نمبر ۱۹۲۲ء اور بیداری علی گڑھ، سرسید نمبر مورخہ ۲۴

مارچ ۱۹۴۲ء) سے بھی ہوتی ہے۔ سر عبدالقادر نے اس واقعے پر تفصیل سے روشنی ڈالی ہے۔ ان کے بیان کے مطابق سر سید احمد خان مرحوم کی عمر کا آخری دور تھا، جب ان کی قائم کی ہوئی تعلیمی کانفرنس ۱۸۹۶ء کے آخر میں میرٹھ میں منعقد ہوئی۔ اس میں زمانے کی کئی معتبر ہستیاں شریک تھیں۔ اس زمانے میں کانفرنس میں نظموں کے پڑھنے کا رواج تھا۔ لیکن اس کانفرنس میں محسن الملک نے اسے تضیعِ اوقات سمجھا اور نظمیں پڑھنے پر پابندی لگادی۔ بیان نے یہ سوچ کر کہ کانفرنس ان کے شہر میں منعقد ہو رہی ہے، ان سے ضرور نظم کی فرمائش ہوگی ایک مسدس: اسلام کا سرنگوں علم کہہ لیا۔ لیکن کسی کو بیان جیسے باکمال کا خیال نہ رہا۔ لہٰذا انھیں مدعو نہیں کیا گیا۔ بیان نے بھی بغیر بلائے شریکِ جلسہ ہونا خودداری کے خلاف سمجھا، لیکن اسے بھی اخلاق و مروت کے خلاف سمجھا کہ سر سید اور سید محمود جیسی عظیم شخصیتیں ان کے شہر میں آئیں اور وہ ان کی خدمت میں حاضر نہ ہوں۔ اس لئے بعد اختتام جلسہ ایک پالکی میں بیٹھ کر خیمہ گاہوں تک آئے۔ اتفاقاً انھوں نے (سر عبد القادر نے) دیکھ لیا اور خود انھیں لے کر سر سید کے خیمے تک گئے۔ اس کے بعد کے واقعات سر عبدالقادر کے الفاظ میں ملاحظہ کیجئے:

"میں نے بیان یزدانی صاحب کو سہارا دے کر پالکی سے نکالا۔ سر سید نے اٹھ کر ان سے معانقہ کیا۔ وہ ان کے قریب کرسی پر متمکن ہوئے۔ کہنے لگے حضرت میں آپ سے تو ملنے نہ آتا کیونکہ آپ نے اپنی کانفرنس کے جلسے میں مجھے میرے شہر میں آکر بھی یاد نہ فرمایا۔ مگر میں تو آپ کے فرزند سید محمود سے ملنے آیا ہوں۔ آپ کی ملاقات کو بھی جی چاہتا تھا مگر محمود سے ملنے کا زیادہ اشتیاق تھا۔ سید صاحب نے بہت شکریہ ادا کیا اور اپنے ملازم سے کہا۔ جاؤ سید محمود صاحب کو سلام دو اور نواب محسن الملک بہادر کو بھی۔ وہ آدمی پاس کے خیمے کی طرف جانے لگا تو یزدانی صاحب نے ایک چھوٹا سا پرزہ کاغذ کا اپنی جیب

سے نکال کر اسے دیا اور کہا "لو بھئی میر اوزیٹنگ کارڈ سید صاحب کو دے دینا۔" وہ کارڈ لے گیا۔ تھوڑی دیر میں سید محمود دوڑتے ہوئے آئے اور بڑے تپاک سے یزدانی صاحب سے ملے اور سید صاحب سے کہا "آپ نے دیکھا میر صاحب نے کارڈ پر کیا لکھا ہے؟" اور میر صاحب سے کہا "آپ خود ہی پڑھ کر سنائیے۔" میر صاحب نے یہ شعر گرج کر پڑھا:

فارغ زاند وہ وپل واندیشۂ زود آمدم

فردوسیِ دہر ستم ودر بزمِ محمود آمدم

سب حاضرین نے کہا کہ تقریبِ ملاقات کا کیسا اچھا راستہ نکالا ہے۔ اتنے میں نواب محسن الملک بھی آگئے اور وہ بھی حضرت یزدانی سے مل کر بہت خوش ہوئے۔ سید صاحب نے نواب صاحب سے کہا۔ آپ کی مجوزہ اصلاح تو خوب تھی کہ نظموں کو دور سے ہی سلام ہے مگر مجھے بے حد افسوس ہے کہ آپ بھی اور میں بھی اپنے کاموں میں یہ بھول گئے کہ میر یزدانی بیان جو اس زمانہ کے مغتنم لوگوں میں ہیں میرٹھ میں رہتے ہیں اور انہیں دعوت دینی لازم ہے۔ میں تو خود ان کے پاس جاتا اور ان کو ساتھ لاتا۔ انھوں نے ہم پر بڑا احسان کیا ہے کہ وہ ہمارے چلنے سے پہلے ہم سے ملنے آگئے ہیں۔ اس پر میر صاحب نے سید صاحب سے کہا کہ مجھے یہ خیال لے آیا کہ ایسا موقعہ مجھے پھر کب ہاتھ آئے گا کہ آپ سے ملوں۔ میں آپ کے غائبانہ مداحوں میں ہوں۔ اس لئے چند اشعار آپ کی شان میں موزوں ہو گئے تھے وہ سناتا ہوں۔ یہ کہہ کر انھوں نے فارسی کے کچھ اشعار پڑھے۔ جن میں سے دو اشعار مجھے یاد رہ گئے ہیں:

در نگر با چشم دل کایں قوم چوں پیکر بود

سید احمد خاں بہادر پیکرش را سر بود

اختلافِ قوم پیکر راجدا دارد ز سر

پیکرے کو سر ندارد در جہاں ابتر بود

اس کے بعد انھوں نے کہا کہ اب اگر آپ چاہیں تو میں وہ اردو نظم آپ کو سناؤں جھو میں نے کانفرنس کے لیے لکھی تھی اور اگر آپ مجھے بلاتے تو وہاں پڑھی جاتی۔ سب نے سننے کی خواہش کی تو انھوں نے اسلام کا سرنگوں علم کے عنوان سے جو نظم لکھی تھی پڑھ کر سنائی۔ مجھے اس کے اشعار یاد نہیں ہے۔ مگر یہ یاد ہے کہ وہ بہت پسند کی گئی۔ نواب محسن الملک سب سے زیادہ داد دیتے تھے۔ اور بار بار افسوس کرتے تھے کہ یہ جلسہ میں کیوں نہ پڑھی گئی۔"

جب ۲۷ مارچ ۱۸۹۸ء کو سر سید احمد خان نے اس دنیا سے انتقال کیا تو ان کے دوسرے رفقا کی طرح بیان بھی اس عظیم حادثے سے متاثر ہوئے بغیر نہ رہ سکے۔ انھوں نے سر سید احمد خان کا جو مرثیہ کہا ہے وہ ان کے رنج و غم کی صحیح ترجمانی کرتا ہے۔ اس مرثیے کے علاوہ بیان نے آٹھ اشعار پر مشتمل فارسی زبان میں ایک تاریخی قطعہ بھی کہا ہے۔ اس میں تاریخ کا شعر ہے:(۳۴)

چوں دوئی رفت از میاں، شد سال او

"سید احمد خاں فنافی القوم گشت"

۱۸۹۸ء

اب مرثیے کے چند اشعار دیکھئے۔ لسان الملک سے یہ بات معلوم ہوتی ہے کہ بیان اپنے حجرے سے نکل کر سر سید کے تعزیتی جلسے میں شریک ہوئے تھے اور اس میں یہ مرثیہ پرجوش انداز میں سنایا تھا۔ (۳۵)

قہر ہے سر سید احمد خاں بہادر کی وفات

وہ زمیں کا فخر جورِ آسماں سے اٹھ گیا

ہے اندھیرا چار سو یارب یہ کیا اندھیر ہے
آج نجم الہند کیا ہندوستاں سے اٹھ گیا

راج تیرا لٹ گیا اے قوم اے حرماں نصیب
تیرے سر کا تاج تختِ عزوشاں سے اٹھ گیا

بیکسی چھائی ہوئی ہے کیا در و دیوار پر
میر سامانِ علوم آج اس مکاں سے اٹھ گیا

پھر چراغِ قوم کے انوار دھندلانے لگے
ماہتابِ علم آفاقِ زماں سے اٹھ گیا

کون سمجھائے گا سلطاں کو رعیت کی زباں
ترجمانِ قوم تختِ حکمراں سے اٹھ گیا

وہ عماد المملکت تھا، وہ ستون سلطنت
ہائے قیصر، قیصرِ ہندوستاں سے اٹھ گیا

دن ہمارا کر دیا اے صبحِ پیری تو نے شام
مہرِ انور، منزلِ کون و مکاں سے اٹھ گیا

بنتے بنتے علم کا پتلا ادھورا رہ گیا
چاند بڑھتا تھا کہ وہ سورج یہاں سے اٹھ گیا

ہائے جس نے ڈال دی تھی قوم کے مردہ میں جان
وہ مسیحا دستِ مرگِ ناگہاں سے اٹھ گیا

اے علیگڑھ تیرے ویرانوں کو اب دیکھے گا کون

خانہ آرائے ترقی خان ماں سے اٹھ گیا
کیوں نہ کالج میں اڑائے خاک کالج کی بہار
باغبانِ علم، صحنِ بوستاں سے اٹھ گیا
جب دیا کاندھا جنازے کو ہوئی بیتاب قوم
دھڑ تڑپتا رہ گیا اور سر جہاں سے اٹھ گیا
شعر کیسے، نظم کس کے، نالہ کیا، فریاد کون
شعلۂ آتش دلِ گرم بیاں سے اٹھ گیا

## وفات

بیان کو ۱۸۹۹ء کے موسم سرما میں بخار آنے لگا۔ پھر کھانسی کا سلسلہ شروع ہوا۔ بخار نے آگے چل کر شدت اختیار کی، جس کے باعث قویٰ اور مضمحل ہو گئے۔ ہمیشہ چار پائی پر ہی بیٹھے بیٹھے ورزش کرنے کے عادی تھے۔ اس عالم میں بھی ان کا یہی معمول رہا۔ اتفاقاً ایک دن ہاتھ چھوٹ گیا اور وہ نیچے آ رہے۔ شدید چوٹ آئی جس سے جانبر نہ ہو سکے۔ یہ حادثہ ۱۳ مارچ ۱۹۰۰ء کا ہے۔ دلی دروازہ (میرٹھ) کے باہر احمد حسن فرقانی کے قبرستان میں محو خواب ابدی ہیں۔ قبر پر کوئی کتبہ یا نشان نہیں ہے۔ بیان کی وفات کے دوسرے دن اخبار انیس ہند میرٹھ (۱۴ مارچ ۱۹۰۰ء) کے ایڈیٹر نے انھیں اس طرح خراجِ عقیدت پیش کیا تھا:

"حضرت بیان نہ صرف شاعرانہ فضل و کمال کے اعتبار سے اپنے معاصرین میں ممتاز خیال کیے جاتے تھے بلکہ کئی ایک مجموعی باتوں کے لحاظ سے وہ بلا مبالغہ ہندوستان کے نامی شعرا کی فہرست میں اول نمبر پر جگہ پانے کے مستحق تھے۔ سب سے بڑا کمال ان میں

یہ تھا کہ عرصے سے وہ اعصابی مرض میں مبتلا ہونے اور بلا کہیں آنے جانے حتیٰ کہ نشست و برخاست تک سے معذور ہونے کے باوجود زمانے کی ضروریات اور شاعری کے لوازمات سے کماینغی آگاہ تھے۔ ان کو مدت العمر گھر کی محدود چہار دیواری میں مراقبہ گزیں رہنے پر بھی وہ لاثانی کمال حاصل ہوا کہ دوسروں کو زمانے بھر کی خاک چھان کر بھی میسر ہونا محال ہے۔ یوں تو الشعراء تلامیذ الرحمن مشہور بات ہے مگر واقعی امر یہ ہے کہ یہ بات میر صاحب مرحوم ہی میں تھی کہ وہ بلا کسی کے سامنے عرصے تک زانوئے ادب تہہ کرنے کے تمام اصنافِ سخن پر قادر تھے۔ اگر وہ ریختہ کے رنگ میں اپنے زمانے کے میر و مرزا تھے تو فارسی میں اپنے عصر کے نظیری و ظہوری کہلاتے تھے اور قصائد میں تو یہ حال تھا کہ رشکِ انوری و خاقانی عام طور سے آپ کا لقب مشہور ہو گیا تھا۔ آپ کو نیچرل شاعری کے اندر بھی دستگاہ تھی، چنانچہ آپ کی اکثر تصانیف اس انداز میں موجود ہیں۔۔۔ زورِ طبیعت اور آمدِ سخن کا یہ حال تھا کہ جس وقت چاہتے تھے اپنے دماغ سے کام لے سکتے تھے۔ وہ خود لکھنے سے معذور تھے، مگر جہاں کوئی لکھنے والا ان کے پاس پہنچا اور انھوں نے بے تکان لکھانا شروع کر دیا۔ وہ جامع الصفات شخص اور ہمہ داں شاعر تھے۔"

بیان کے انتقال پر متعدد شعرا نے مرثیے اور تاریخی قطعات کہے۔ امیر مینائی نے مصرعۂ ذیل سے تاریخِ وفات نکالی:

"یزداں بخشد جناب یزدانی را"

۱۳۱۷

محمد علی رعب انصاری نے تین تاریخیں کہی ہیں۔ ان میں سے دو یہ ہیں:(۳۶)

ہاں بگو رعب! مصرعِ تاریخ

"حشر زادست و مردہ یزدانی"

۱۳۱۷

تاریخ یہ رعب! لکھ مسیحی

"میرٹھ کا بجھا چراغ اب آہ"

۱۳۱۷

انیس ہند، میرٹھ کے مختلف شماروں میں بیان کے انتقال پر بے شمار تاریخی قطعات اور مرثیے شائع ہوئے ہیں۔ برکت شیر خاں ادیب میرٹھی، منشی پربھو دیال عاشق لکھنوی، منشی متصدی لال طرب، جگدمبا پرشاد ہنر جہاں آبادی، منشی مکھن لال شوق، بابو منگل سین بے دل جھنجھانوی، رائے میکو لال عشرت، رئیس لکھنو کے تاریخی مادے دیکھئے:(۳۷)

حق مغفرت کرے مرے استاد کی ادیب

اس مبتلائے غم کی یہ دل سے دعا ہے آج

تاریخ کے لیے دلِ ہمدرد نے کہا

کہہ دو کہ بادشاہِ سخن مر گیا ہے آج

(ہمدرد۔ ۴)

(۱۳۱۳ / ۱۳۱۷)

یوں دل شکستہ ہو کے دلِ زار نے کہا

(زار۔ الف ا)

اس "دہرِ بے ثبات سے ہے ہے بیاں گیا"

(۱۳۱۸ / ۱۳۱۷ھ)

ہے طرب کے لب سے یہ مصرع بلند

(طرب۔ط۹)

"اب گئی میرٹھ سے بس شانِ سخن"

(۱۸۰۰ء)

ادب آموزِ زماں تھے وہ ہنر

لکھ دے تاریخ "غمِ مرگِ ادیب"

۱۳۱۷

شوق لکھ تاریخ از روئے الم

(الم۔الف ۱)

"بے صدا ہے بلبلِ باغِ سخن"

۱۹۰۰

بیدل از روئے حسرتِ دل گفت

(حسرت۔ح۸)

"سمت ایزد گرفتہ یزدانی

۱۳۱۷

بگو عشرت مسیحی سالِ فوتش

"بلیغ الملک رفت اے ہائے ہائے"

۱۹۰۰

مراثی میں منشی رگھبیر سہائے بریاں جہاں آبادی اور منشی محمد افضل خان افضل کے

مرثیے بہت پُر درد ہیں۔ افضل کا مرثیہ دیکھئے:(۳۸)

موت اے بد نہاد و بد کردار
ناسزا، نابکار، ناہنجار
بے وفا، حیلہ ساز، دل آزار
تیرے ہاتھوں سے ہیں سبھی ناچار
تو نے چن چن کے دیکھ اوسفاک
اچھے اچھوں کو کر دیا تہِ خاک
میں بھی مدت سے تیرا مہماں ہوں
گو سکوں ہے مگر پریشاں ہوں
ہر گھڑی فرطِ غم سے نالاں ہوں
لوگ ہنستے ہیں اور میں گریاں ہوں
دلِ محزوں تھا پہلے ہی ناشاد
تو نے اور اس پہ او ستم ایجاد
تازہ اک اور داغ دکھلایا
حرکتوں سے نہ اپنی باز آیا
بے حیا کچھ نہ دل میں شرمایا
ہاں مجھے کھو کے تو نے کیا پایا
تیرے عیش و طرب کو آگ لگے
تیرے قہر و غضب کو آگ لگے
یعنی وہ میرے مہرباں استاد

مہرباں اور قدر داں استاد
اہلِ میرٹھ کی عزّ و شاں استاد
کہتے تھے سب جنہیں بیاں استاد
مارچ تیرہ کو وہ جواں اقبال
پنجۂ مرگ سے ہوا پامال
ہائے وہ بزمِ اہلِ فن کی بہار
ہائے وہ گلشنِ سخن کی بہار
ہائے وہ شاہدِ چمن کی بہار
ہائے وہ باغِ پنجتن کی بہار
صرفِ نذرِ بلائے جاں ہو جائے
چار ہی روز میں خزاں ہو جائے
وہ سپہرِ سخنوری ہیہات
بحرِ ذخّارِ شاعری ہیہات
فخرِ جامی و انوری ہیہات
رشکِ عرفی و عنصری ہیہات
نیرِ عزّ و اعتلا افسوس
برجِ خاکی میں چھپ گیا افسوس
طوطیِ گلشنِ سخن دانی
بلبلِ گلشنِ گُل افشانی
خسروِ کشورِ غزل خوانی

گوہرِ افسرِ ہمہ دانی
غیرتِ انوری و خاقانی
رشکِ غالب، بیان ویزدانی
آفتابِ سپہرِ جاہ و جلال
بادشاہِ دیارِ فضل و کمال
ناثر و ناظم و بلند خیال
شاعرِ بے عدیل، بے تمثال
چشمۂ فیض، شہرۂ آفاق
معدنِ حلم و مخزنِ اخلاق
اخترِ سعدِ آسمانِ علوم
گوہرِ آبدارِ کانِ علوم
گلِ خوش رنگ، گلستانِ علوم
روشنی بخش خانمانِ علوم
منشیِ بے نظیر و لاثانی
عزت افزائے نامِ فرقانی
کارزارِ سخن کا تھا وہ مرد
فرد میں لائقوں کے تھا بس فرد
گرم مضمون وہ کہ دل ہو سرد
سن کے حاسد کا رنگِ رخ ہو زرد
حسنِ بندش جو دیکھ پائے وہ

ساری ترکیب بھول جائے وہ
ہور قم غم کی داستاں کیونکر
شق ہوا جاتا ہے قلم کا جگر
کانپتا انگلیوں میں ہے تھر تھر
ہاں اسی پر اب اکتفا ہے مگر
کر دعا ہاتھ اٹھا کے اے افضل
بخش دے ان کو ربِ عز و جل

## شخصیت

بیان شکل و صورت کے اعتبار سے بہت حسین و جمیل تھے۔ اسی لیے لوگ ان کے بچپن میں انھیں "لالہ" کہہ کر پکارتے تھے۔ انھیں دنیا داری کی مطلق پرواہ نہ تھی، چنانچہ عمر بھر شادی نہ کی۔ طبعاً آزادی پسند تھے۔ لباس اور خورد و نوش میں تصنع، آرائش یا تکلف کے پابند نہیں تھے۔ بے فکری سے زندگی بسر اور علم و ادب کی خدمت کرنا ان کا نصب العین تھا۔ ان کے مزاج میں استقلال بدرجہ اتم موجود تھا۔ وہ بڑے صلح کل، پاک باطن اور ظریف الطبع تھے۔ جناب امداد صابری نے اپنی تصنیف دہلی کی یادگار ہستیاں:۸۲، میں بیان کا ایک لطیفہ نقل کیا ہے۔ وہ لکھتے ہیں کہ ایک مرتبہ سید آفتاب حسین ساکن پتن کھیڑا (بجنور) ان سے ملنے گیے۔ جب مکان پر پہنچے تو آواز دی۔ بیان نے پوچھا کون ہے؟ جواب میں مولوی صاحب نے کہا" آفتاب"۔ بیان نے کہا مغرب کے بعد آفتاب کیسا؟ مولوی صاحب نے فرمایا:" مرتضیٰ کے واسطے مراجعت کر رہا ہوں۔"

خلوص، تواضع، ہمدردی اور بے تعصبی ان کے فطرت کا خاصہ تھی جس کا ثبوت ان

کے غیر مسلم احباب و تلامذہ کی کثیر تعداد سے فراہم ہوتا ہے۔ سنجیدہ مسائل پر غور و فکر کے بعد لکھنے کے عادی تھے لیکن اگر کوئی انھیں چھیڑتا تو وہ پھر کسی کے دوست نہیں تھے، وہ وہ گل افشانیاں کرتے کہ حریف بوکھلا جاتا۔ ایڈیٹر اور صحافی کی حیثیت سے سیاسی اور ملکی معاملات سے بھی باخبر رہتے۔ لیکن واقعہ یہ ہے کہ بنیادی طور پر وہ ادیب اور شاعر تھے اور انھیں شعر گوئی اور نثر نگاری کے علاوہ اور کسی چیز سے ذہنی لگاؤ نہیں تھا۔ ان کی اندھیری کوٹھری ہی ان کی کائنات تھی۔ اسی لیے بعض احباب انھیں "گودڑ کا لعل" کہا کرتے تھے۔ ان کی ادبی تخلیقات وقعت و عزت کی نگاہ سے دیکھی جاتیں اور اس وقت کے موقر جرائد و رسائل کے مدیر صاحبان ان کی تحریروں کے ساتھ، ان کے نام سے پہلے صباح الملک ہمدانی، سید الشعرا، طوطی ہند، بلیغ الملک، رشکِ انوری و خاقانی، حسان الہند، سحبان العجم جیسے گرانقدر القاب کا اضافہ کرتے تھے۔ بیان جتنا اچھا کہتے تھے اتنا ہی اچھا پڑھتے بھی تھے۔ ان کے پڑھنے کا انداز پر جوش، موثر اور پر کیف تھا۔ آغا اشہر لکھنوی اپنے ایک مضمون: "جذباتِ شعر کا اظہار" میں لکھتے ہیں: (۳۹)

"ایک مرتبہ مرحوم (بیان) کے نامی شاگرد ضمیم بلند شہری سے میں نے ان کی طرز شعر خوانی کے متعلق پوچھا، تو انھوں نے کہا کہ استاد مرحوم الفاظ پر زور دے کر پڑھتے تھے اور آواز میں بھی ایک خاص جذب کی کیفیت پیدا ہوتی تھی۔ اس کے بعد ضمیم مرحوم نے اس رنگ میں ایک شعر پڑھ کر سنایا، واقعی جوشیلی طرزِ ادا تھی۔"

## تصانیف

بیان اردو اور فارسی دونوں زبانوں میں شعر کہتے تھے۔ ان کا خاصا کلام طوطی ہند، لسان الملک، طوفان اور جلوۂ یار میں شائع ہو چکا ہے۔ لیکن اس سے کہیں زیادہ غیر مطبوعہ

رہ گیا۔ انھوں نے اپنی زندگی ہی میں کئی مختصر کتابچے طبع کروائے تھے، جن میں سے سات کتابچوں کے نام مختلف ذرائع سے معلوم ہوئے ہیں: ۱۔ پاسخِ ہند (بجواب شکوۂ ہند حالی) ،۲۔ جرمانۂ آفتاب (مثنوی)، ۳۔ مجموعہ عطر نعت (نعتیہ کلام)، ۴۔ رخصتِ عروس (ایشیائی شاعری کی الوداع)۔ ۵۔ پنجۂ فولاد، ۶۔ حواسِ خمسہ، ۷۔ یادگار یزدانی (فارسی کلام)۔ نثر میں بیان کی چار تصانیف کا پتا چلتا ہے۔ حل المطالب (شرح دیوان غالب) اور گل عباس (خدا پرست کا ناول)۔ یہ دونوں کتابیں لسان الملک میں قسط وار شائع ہو رہی تھیں لیکن بیان کا انتقال ہو جانے کے باعث نامکمل رہیں۔ غیر مطبوعہ تصانیف میں غیر مطبوعہ کلام کے علاوہ شرح قانون بو علی سینا اور تیغ ہندی (خطوط کا مجموعہ) ہے۔ اول الذکر کا نسخہ نذرِ دیمک ہو چکا ہے۔ ثانی الذکر کا قلمی نسخہ اچھی حالت میں ہے اور فل اسکیپ سائز کے ۱۱۸ صفحات پر مشتمل ہے۔ اس میں سید مہدی علی، مولوی حسین احمد، سید یعسوب الدین، سید سلطان الحق، ولایت علی جادو، بشیر الدین عاقل، منشی عبد الحامد، مرزا عنایت علی اثر، سجاد حسین ریحانی اور دیگر تلامذہ، احباب اور رشتے داروں کے نام بیان کے خطوط ہیں۔

بیان نے محمد حامد حسین کے نام جو خط لکھا ہے، اس کی روشنی میں یہ معلوم ہوتا ہے کہ انھوں نے جرعۂ جام کے نام سے ایک منظوم رسالہ بھی شائع کروایا تھا۔ اس خط سے یہ بھی ظاہر ہوتا ہے کہ وہ اپنے کلام کی اشاعت کے لیے بہت فکر مند تھے۔ لکھتے ہیں: (۴۰)

"حواس خمسہ اور جرعۂ جام، یہ دونوں رسالے میرے دورِ اول کے کارنامے تھے۔ بلکہ مرضِ محبت کا ہذیان تھا۔ جرعہ یار لوگ اُڑا گیے، حواسِ خمسہ دوستوں اور خریداروں کے ہاتھوں پریشان ہو گئے۔ خاص میرے پاس بھی نہیں ہے اور بعد تلاش معلوم ہوا کہ بازار اب اس یوسفِ ثانی سے خالی ہے۔ لیکن اگر مل گیا تو فوراً بھیج دوں گا۔ والد آپ کے

کس طرح ہیں۔ افسوس ہے کہ ہنر بے دولت ترقی نہیں کرتا۔ اہلِ ہنر بے دولت ہیں اور اہلِ دولت بے ہنر۔ فی الحال ایک مثنوی جرمانۂ آفتاب توحید کے بارے میں لکھی ہے۔ مگر اخراجاتِ ضروری سے نہ چھپنا محال ہے۔ روپیہ کہاں سے آئے۔"

بیان اپنے کلام کے اشاعت کے سلسلے میں کس قدر فکر مند تھے اس کا اندازہ تیغ ہندی کے اس آخری خط سے بھی ہوتا ہے جو صرف القاب و آداب سے شروع ہوتا ہے۔ دیکھئے: (۴۱)

"پشت و پناہ اسلام و اسلامیاں دامت برکاتہم

افسوس خونِ جگر، غمِ بے اختیاری سے خشک ہو گیا ورنہ یہ عریضہ میں اپنے خون جگر سے ہی لکھتا۔ آپ کا عروجِ ہمت اور اس کا آوازۂ بلند میں سن چکا ہوں۔ آپ کے دل میں ہمدردی ہے۔ آپ کی آنکھوں میں مروت گوشہ گیر ہے۔ فیاضی آپ کے دست بوسی کو اپنا شرف سمجھے ہوئے ہے۔۔۔

کیا عجب ہے کہ آپ مجھے کسی نہ کسی تقریب سے جانتے ہوں گے۔ میں ایک سوگ نشیں ہوں کہ اپنے معنوی بیٹوں کے ماتم میں خاک اڑاتا ہوں اور نگاہ مایوس سے چار طرف دیکھتا ہوں کہ کوئی علوئے ہمت، جواں مرد، جس کے دل میں روح القدس نے دم پھونکا ہو آئے اور میری گود میں جو میرے بچوں کی لاشیں دھری ہیں، ان میں ایک جنبش لب سے جان ڈال دے۔ میں جانتا ہوں کہ یہ متبنیٰ زندہ ہو کر اپنے جِلانے والے کا قیامت تک دم بھرتے رہیں گے۔ آپ کا نادیدہ، خاک راہ: سید محمد مرتضیٰ بیان ویزدانی، مالک مطبع حدیقۃ العلوم میرٹھ۔"

بیان کے انتقال کے وقت ان کے مطبوعہ اور غیر مطبوعہ کلام کا مسودہ ان کے شاگرد پروفیسر سید محمود علی گرامی کے قبضے میں تھا۔ وہ عرصے تک اس کی تدوین میں

مصروف رہے لیکن کامیاب نہ ہو سکے۔ البتہ اصناف سخن کے لحاظ سے انھوں نے تین کتابیں، عطر مجموعہ نعت (نعتیہ کلام کا مجموعہ)، رنگ شہادت (مراثی اور سلام کا مجموعہ) اور جواہر لاثانی (نیچرل نظموں کا مجموعہ) شائع کروائی تھیں۔ اسی طرح ڈاکٹر سید صفدر حسین نے بھی پاکستان سے بیان کے تین مجموعہ کلام: قندیل حرم (نعتیہ کلام کا مجموعہ)، رنگ شہادت (مراثی اور سلام کا مجموعہ) اور نقش بیان (غزلوں کا مجموعہ مع حواس خمسہ) شائع کروائے ہیں۔ میں نے جب بیان کے متعلق تلاش و تحقیق شروع کی تو چھ کتابیں: یادگار یزدانی، جرعۂ جام، پنجۂ فولاد، حواس خمسہ، جواہر لاثانی اور نقش بیان کے علاوہ مجھے بیان کا مطبوعہ اور غیر مطبوعہ کلام مختلف ذرائع سے مل گیا ہے۔ انہی کی مدد سے میں بیان میر ٹھی حیات و شاعری، بیان، غالب اور بیان کی جدید نظمیں اور دیوانِ بیان میر ٹھی شائع کروا کے منظر عام پر لا سکا ہوں۔

## تلامذہ

بیان کے تلامذہ کی صحیح تعداد کا اندازہ لگانا مشکل ہے۔ لیکن اس میں شک نہیں کہ ان کا حلقۂ تلامذہ بہت وسیع تھا۔ بیان مسلم الثبوت استاد، پختہ مشق اور فطری شاعر تھے۔ لہٰذا نو مشق شعرا زیادہ تر انھیں کے پاس اپنا کلام اصلاح کے لیے بھیجتے تھے۔ ان کے اکثر شاگرد خوش گو، خوش فہم ہوئے ہیں۔ لسان الملک اور مختلف ذرائع سے ان کے مندرجہ شاگردوں کا پتا چلتا ہے:

مولانا اکبر وارثی میر ٹھی، مولانا سید ابو الحسن ناطق گلاؤٹھوی، منشی درگا سہائے سرور جہاں آبادی، منشی رگھبیر سہائے بریاں جہاں آبادی، حافظ کریم بخش آزاد میر ٹھی، منشی شیخ علی حسن صمیم بلند شہری، مولوی سید محمود علی گرامی، منشی بال سروپ شکن، خان بہادر

بشیر الدین تسخیر میرٹھی، احمد جان تبسم، نور الحسن یاس، اختر خیر نگری، مولانا سید سراج احمد سراج الدین، منشی بہادر خان ناچیز، منشی مومن لال خمار، منشی برکت شیر خاں ادیب، منشی اصغر حسین قمر، سید زوار حسین شرر، منشی بدیع الدین جوہر، منشی حیدر حسین خفی امروہی، منشی عبد الحکیم محشر، افضل خان افضل، منشی محمد ولایت علی جادو، منشی رام پرشاد شاد سہارنپوری، انور میرٹھی، زار میرٹھی، منشی طفیل حسین تعلی، نور میرٹھی، شمس الدین شمس میرٹھی، سلامت اللہ خاں سالم، جگد مبا پرشاد ہنر جہاں آبادی، منشی پربھو دیال عاشق لکھنوی، حافظ الہٰ بخش قابل، منشی ریاض الحس طلعت، محمد علاء الدین جلالی، علی احسن خان بسمل، مشیت خاں مشیت، میر سید علی شیدا، شیخ نجات علی تاثیر، شیخ علی حسن قلاش و مفلس، سلامت اللہ خان سالم، عبد الحق قمر۔

# شاعری

بیان اردو شاعری کے اس دور سے تعلق رکھتے ہیں، جس میں قدیم و جدید کی آمیزش تھی۔ ایک طرف ناسخ کی شاعری کا رنگ عام ہو چکا تھا، انیس و دبیر اپنی شہرت کے دائمی نقوش بنانے میں سرگرمِ عمل تھے، ذوق، غالب اور مومن کا آخری زمانہ تھا اور داغ و امیر میدانِ شاعری میں اپنے اپنے کمالات کا ڈنکا بجا رہے تھے۔ دوسری طرف آزاد، حالی اور اسمٰعیل میرٹھی جدید شاعری کی ترویج و اشاعت میں مصروف تھے۔ بیان کی تربیت اور تعلیم گو مشرقی تھی، مگر شعوری اور سماجی اعتبار سے وہ زمانے کی بدلتی قدروں سے متاثر تھے۔ اسی لیے انھوں نے اپنی شاعری کی اساس، روایت و جدیدیت پر رکھی، جس سے ان کی شاعری قدیم و جدید خیالات کا حسین سنگم بن گئی۔

بیان نے روایت کا پورا پورا لحاظ رکھتے ہوئے غزلیں، نعت، مراثی، قصائد، سہرے،

قطعات اور رباعیات کہی ہیں اور شاعری کے بدلتے ہوئے رجحانات کو اپنا کر جدید قسم کی نظمیں بھی لکھی ہیں۔ ان کی غزلوں میں ان کے معاصرین ناسخ، آتش، غالب، مومن، امیر مینائی اور داغ کا رنگ جھلکتا ہے۔ قصائد میں سودا کا تتبع کیا ہے اور سلام و مراثی میں انیس و دبیر کا۔ نیچرل شاعری میں وہ آزاد، حالی اور اسمٰعیل میرٹھی کے دوش بدوش نظر آتے ہیں۔ روزمرہ زندگی اور تہواروں سے متعلق نظمیں ان کے تجربات حیات اور قوتِ مشاہدہ کی آئینہ داردیں اور شاعرانہ مصوری کی نادر مثال۔ یہ نظمیں بے حد سادہ اور سلیس زبان میں ہیں۔

اس میں کوئی شک نہیں کہ بیان کو شعر و شاعری سے فطری لگاؤ تھا۔ وہ ایک وہبی اور وجدانی شاعر تھے اور انھیں زبان و بیان پر کامل عبور حاصل تھا۔ یہی وجہ ہے کہ ان کے کلام میں صداقت، تاثر اور جذبات کی گہرائی پائی جاتی ہے۔ لالہ سری رام ان کی شاعری کے بارے میں لکھتے ہیں:(۴۲)

"بیان میرٹھ کے نامور اور قابل شعرامیں تھے۔ استعدادِ علمی بہت معقول اور فنِ سخن میں دستگاہ کامل حاصل تھی۔ مزاج بہت آزاد اور بے باکانہ پایا تھا۔ نظم و نثر پر قادر تھے۔ مبدأ فیاض سے شعر گوئی اور سخن فہمی کا نہایت شستہ اور صحیح مذاق آپ کو ملا تھا۔ فارسی کلام سے بہت ذوق تھا اور اس سے نہایت قابلیت کے ساتھ دادِ سخنوری دی ہے۔ جملہ اصناف پر قادر تھے۔ ایک عجیب کمال ان کی ہمہ گیر طبیعت میں یہ تھا کہ جس رنگ میں چاہتے تھے، فکرِ سخن کرتے اور پھر یہ نہیں کہ قافیہ پیمائی ہو، بلکہ فی الحقیقت اس رنگ میں اپنے زورِ طبیعت سے وہ وہ اختراعیں کرتے کہ سننے والے حیران رہ جاتے۔ مثلاً ان کے بعض شعر مرزا غالب کے رنگ میں ایسے لاجواب ہوتے تھے کہ اجنبی کو مرزا غالب کے کلام کا دھوکا ہوجاتا تھا۔"

پیارے لال شاکر میرٹھی یوں اظہارِ خیال کرتے ہیں:(۴۳)

"حضرت بیان کی شاعری کا پایہ بہت ارفع و اعلیٰ ہے اور وہ اپنے فضائل و محاسن کمال کے وسیلہ سے اس درجہ تک پہنچ گئے تھے جو معمولی شاعروں کے منتہائے نظر سے بھی ادھر ہے۔ علمیت، دماغی قابلیت، طبع کی جولانی، فکر کی بلندی، خیالات کی نیرنگی، یہی باتیں ہوتی ہیں جو شاعر کے کلام کو مستند اور قابل قدر بنا دیتی ہیں اور انھیں اوصاف کی بدولت بیان نے بھی اپنی لافانی عظمت کا سامان مہیا کر لیا ہے۔۔۔ بیان کے کلام پر غائر نظر ڈالنے سے اندازہ ہو سکتا ہے کہ وہ ہر میدان کے مرد تھے۔ پر گوئی کے ساتھ مضامین آفرینی کا پہلو عموماً نظر انداز ہو جاتا ہے لیکن بیان نے سب کچھ کہا ہے اور جو کچھ کہا ہے بہت زیادہ کہا ہے۔۔۔ بیان کے ایک پختہ کار سخن گو ہونے کی اس سے زیادہ قوی دلیل اور کیا ہو سکتی ہے کہ وہ جس رنگ میں چاہتے تھے بے تکلف کہتے تھے۔ زبان پر انھیں خاصہ قابو تھا۔ وزن دار اور موزوں الفاظ گویا ان کے سامنے ہر وقت ہاتھ باندھے کھڑے ہوتے تھے۔ خیالات کی گوناگوں کیفیات کبھی میر کے رنگ میں نظر آئیں گی کبھی غالب کے۔ کہیں ذوق کی شوخی بیاں کا لطف حاصل ہو گا۔"

امروز کے مقالہ نگار خدابندہ نے بیان کی شاعری پر اس طرح تبصرہ کیا ہے:(۴۴)

"بیان کسی کے شاگرد نہیں تھے، البتہ ان پر دلیّ اور لکھنو دونوں کے اساتذۂ فن کا اثر پڑا ہے۔ کہیں کہیں تو ان کی غزلوں سے ناسخ کا رنگ جھلکتا ہے۔ یعنی اسی قسم کی موشگافیاں ہیں، وہی خارجیت۔ لیکن سارے کلام کا یہ حال نہیں۔ اکثر مقامات پر انھوں نے بڑے سیدھے سادے اور صاف شعر بھی کہے ہیں، جن میں نہ الفاظ آرائیاں ہیں اور نہ کہیں لکھنوی تکلف اور تصنع کا پتا چلتا ہے۔۔۔ بیان اگرچہ شاعری میں ناسخ اور وزیر وغیرہ سے بہت متاثر معلوم ہوتے ہیں اور انھوں نے ان شعرا کے اشعار کی تضمین بھی کی

ہے تاہم ان پر علی گڑھ کی علمی تحریک کا بڑا اثر پڑا تھا اور وہ جدید شاعری سے بہت متاثر تھے۔ جس کے سب سے بڑے علم بردار حالی اور آزاد تھے۔ چنانچہ انھوں نے امید، سردی وغیرہ پر بھی نظمیں کہی ہیں۔ حالی کے تتبع میں قومی غزلیں بھی لکھی ہیں۔ "ایشیائی شاعری کی الوداع" کے عنوان سے ایک نظم بھی لکھی ہے۔"

مدثر حسین ان کی شاعری پر اس طرح روشنی ڈالتے ہیں:(۴۵)

"بیان میرٹھی تمام عمر شعر گوئی کرتے رہے لیکن آپ کا کلام نایاب ہے۔ چند غزلیں، جو دستیاب ہو سکی ہیں، ان سے بیان کی شاعرانہ عظمت کا اندازہ ہوتا ہے۔ بیان میرٹھی نے حالی، آزاد اور اسمٰعیل میرٹھی کی طرح غزل، نظم، مثنوی، مسدس، مرثیہ اور رباعی وغیرہ ہر صنفِ سخن میں طبع آزمائی کی۔ انھوں نے نہ صرف اردو میں بلکہ فارسی میں بھی اپنے رہوارِ قلم کی جولانیاں دکھائی ہیں۔ وہ فارسی میں یزدانی تخلص کرتے تھے، چنانچہ بعض جگہ ان کا نام بیان یزدانی تحریر ہے۔

بیان یزدانی نے شعر و سخن کی بدلتی ہوئی ہواؤں کا ساتھ دیا۔ وہ اپنے عہد کے زبردست نبض شناس تھے۔ اپنے معاصرین میں وہ صفِ اول کے شعرا میں شمار کیے جاتے تھے۔ حالی سے معاصرانہ چشمک اور اودھ پنچ سے جھڑپوں کی ہمت کسی ایسے ہی شخص میں ہو سکتی تھی، جو زبان و بیان پر قدرتِ کاملہ رکھتا ہو، اعلیٰ پائے کا شاعر ہو، زبردست ادیب ہو اور صحافی بھی۔ بیان یزدانی میں یہ تینوں صفات مجتمع ہو گئی تھیں۔ شاعر کی حیثیت سے انھوں نے ہر صنفِ سخن میں طبع آزمائی کی۔ ان کا کلام اس وقت کے معیاری رسائل میں شائع ہوتا تھا۔"

بیان کے کلام پر بالاستعیاب نظر ڈالنے سے یہ حقیقت واضح ہو جاتی ہے کہ اس میں وہ تمام خصوصیاتِ شاعری اور لوازماتِ فن موجود ہیں جو کسی بڑے اور کامیاب شاعر کی

شہرت یابقائے دوام کا باعث ہوتے ہیں۔ نازک خیالی، تناسب لفظی، معنی آفرینی، بداعتِ اسلوب، تخیلِ پرواز، ندرتِ خیال، جوشِ جذبات، شاعرانہ مصوری و محاکات، صنائع بدائع، غرض کیاہے جو ان کے کلام میں موجود نہیں! ان کے ہمعصروں میں بلاشبہ بڑے بڑے نام ہیں اور تاریخ ادب میں وہ آفتاب وماہتاب کی طرح جگمگا رہے ہیں۔ لیکن یہ بھی ایک ناقابلِ فراموش حقیقت ہے کہ بیان کا درجہ بھی کسی سے کم نہ تھا۔ کیا خوب کا ہے سرور جہاں آبادی نے:

میر و مرزا سے زیادہ ترا رتبہ نہ سہی
ان سے کم تھا ترا پلّہ یہ کہیں ہم کیوں کر
چوم لیتی تھی فصاحت ترا منہ وقتِ کلام
اے بیاں ختم تھی، اعجازِ بیانی تجھ پر

# حواشی

ا۔ ماہنامہ آج کل (نئی دہلی)، اگست ۱۹۹۲ء، ص:۳۶(بیان یزدانی از امان اللہ خان شیروانی)

۲۔ روزنامہ امروز (کراچی)، ۴ ستمبر ۱۹۵۰ء، ص:۷ (بیان و یزدانی مرحوم از خدابندہ)

۳۔ قندیلِ حرم مرتبہ ڈاکٹر سید صفدر حسین مطبوعہ سنگ میل پبلی کیشنز، لاہور (۱۹۷۴ء)، ص:

۵ ماہنامہ تحریک (دہلی)، جولائی ۱۹۷۷ء، ص:۳۵(بیان میر ٹھی از محمد مشتاق شارق)مراۃ الشعرا(جلد دوم) کے مصنف محمد یحییٰ تنہا نے لکھا ہے کہ بیان کا مکان محلہ چار دروازہ(میر ٹھ)میں تھا۔

۴۔ فکر و ریاض از علی جواد زیدی مطبوعہ مکتبہ جامعہ دہلی (۱۹۷۵ء) مضمون:غالب کا ایک ہم عصر(سید احمد حسن فرقانی وشاکی)، ص:از۱۶۳تا۲۱۶

۵۔ فکر و ریاض از علی جواد زیدی

۶۔ فکر و ریاض از علی جواد زیدی ماہنامہ نقوش، مکاتیب نمبر (۲)، ص:۴۶۵ خم خانۂ جاوید (جلد سوم) از لالہ سری رام، ص: ۶۰۲ ماہنامہ آج کل (نئی دہلی)، فروری ۱۹۵۹ء(کچھ غالب کے بارے میں از فرخ جلالی) ص:۳۷

۷۔ فکر و ریاض از علی جواد زیدی، ص:۱۸۰

۸۔ یہ شجرہ جناب امداد احمد خان زبیری (مرحوم) سے فراہم ہوا تھا۔ اس میں نئی معلومات کی روشنی میں چند اضافے کئے گئے ہیں۔

۹۔ ماہنامہ لسان الملک، میرٹھ، مارچ اپریل ۱۸۹۳ء بیان میرٹھی کی جدید نظمیں، مرتبہ ڈاکٹر محمد شرف الدین ساحل، مطبوعہ علیم پرنٹرس، مومن پورہ، ناگپور (۲۰۰۰ء) ص:۱۹۲

۱۰۔ ماہنامہ لسان الملک، میرٹھ، مئی ۱۸۹۳ء

۱۱۔ تذکرۂ شاعرات از شفیق بریلوی، ص:۲۳۷

۱۲۔ ماہنامہ العصر (لکھنو)، اگست ستمبر ۱۹۱۳ء سید محمد مرتضیٰ بیان ویزدانی میرٹھی از پیارے لال شاکر میرٹھی) روزنامہ امروز (کراچی)، ۴ ستمبر ۱۹۵۰ء، ص:۷ ماہنامہ آج کل (نئی دہلی) ستمبر ۱۹۷۰ء، ص:۲۳ (بیان میرٹھی از مدثر حسین)

۱۳۔ ماہنامہ العصر (لکھنو) اگست ستمبر ۱۹۱۳ء، روزنامہ امروز (کراچی) ۴ ستمبر ۱۹۵۰ء ماہنامہ آج کل (نئی دہلی) ستمبر ۱۹۷۰ء، ماہنامہ تحریک (نئی دہلی) جولائی ۱۹۷۷ء قندیلِ حرم مرتبہ ڈاکٹر سید صفدر حسین، رنگِ شہادت مرتبہ ڈاکٹر سید صفدر حسین

۱۴۔ فکر وریاض از علی جواد زیدی، ص:۱۶۵، ۱۶۷

۱۵۔ ماہنامہ العصر (لکھنو) اگست ستمبر ۱۹۱۳ء، قندیلِ حرم مرتبہ سید صفدر حسین، ص:۵

۱۶۔ ماہنامہ آج کل (نئی دہلی) اگست ۱۹۹۲ء، ص:۳۷

۱۷۔ فکر وریاض از علی جواد زیدی، ص:۱۹۷

۱۸۔ ماہنامہ لسان الملک (میرٹھ) مارچ تا اگست ۱۸۹۸ء بیان میرٹھی کی جدید نظمیں مرتبہ ڈاکٹر محمد شرف الدین ساحل، ص:۱۸۰

۱۹۔ماہنامہ آج کل (نئی دہلی)، اگست ۱۹۹۲ء، ص:۳۷

۲۰۔ قندیلِ حرم مرتبہ ڈاکٹر سید صفدر حسین، ص:٦

۲۱۔ماہنامہ العصر (لکھنو) اگست ستمبر ۱۹۱۳ء

۲۲۔بیان میرٹھی کی جدید نظمیں مرتبہ ڈاکٹر محمد شرف الدین ساحل، ص:۱۷۴

۲۳۔ تاریخِ صحافت اردو (جلد دوم) از امداد صابری، ص:۱۵۳ قندیلِ حرم مرتبہ ڈاکٹر سید صفدر حسین ماہنامہ تحریک (نئی دہلی) جون ۱۹۷۷ء

۲۴۔ماہنامہ العصر (لکھنو) اگست ستمبر ۱۹۱۳ء

۲۵۔روزنامہ امروز (کراچی) ۴ ستمبر ۱۹۵۰ء خم خانۂ جاوید (جلد اول) از لالہ سری رام، ص:٦۲۴ ماہنامہ تحریک (نئی دہلی) جولائی ۱۹۷۷ء

۲٦۔ادبی دنیا، لاہور (نوروز نمبر) ۱۹۲۲ء بیداری، علی گڑھ (سر سید نمبر) ۲۴ مارچ ۱۹۴۲ء، ص:۱۹

۲۷۔ ہندوستانی پریس از نادر علی خان، مطبوعہ اتر پردیش اردو اکادمی، لکھنو (۱۹۹۰ء) ص:۳۷٦

۲۸۔انتخاب فتنہ مرتبہ نادم سیتاپوری، ص:۱۳، ۱۴

۲۹۔ تاریخ صحافت اردو (جلد سوم) از امداد صابری، حیدر پرنٹنگ پریس، دہلی، ص:۱۱۷

۳۰۔ تاریخ صحافت اردو (جلد سوم) از امداد صابری، ص:۲۰۷

۳۱۔ تاریخ صحافت اردو (جلد سوم) از امداد صابری، ص:۲۰٦

۳۲۔ مراۃ الشعرا (جلد دوم) مولفہ محمد یحییٰ تنہا، ص:۱۴۲، ۱۴۳

۳۳۔ماہنامہ العصر (لکھنو) اگست ستمبر ۱۹۱۳ء

۳۴۔ ہماری زبان (نئی دہلی) ۸مارچ ۱۹۶۵ء

۳۵۔ ماہنامہ لسان الملک (میرٹھ) مارچ اپریل ۱۸۹۸ء

۳۶۔ کلیاتِ رعب مطبوعہ نول کشور پریس لکھنو (۱۹۲۲ء) ص: ۲۵۰

۳۷۔ انیس ہند (میرٹھ) ۲۱مارچ ۱۹۰۰ء، ۱۴اپریل ۱۹۰۰ء

۳۸۔ انیس ہند (میرٹھ) ۲۸مارچ ۱۹۰۰ء، ص: ۱۰

۳۹۔ ماہنامہ مرقع (لکھنو) دسمبر ۱۹۲۶ء

۴۰۔ تیغ ہندی (قلمی) از بیان میرٹھی، ص: ۱۱۱

۴۱۔ تیغِ ہندی، ص: ۱۱۸

۴۲۔ خم خانۂ جاوید (جلد اول) ص: ۶۲۴

۴۳۔ ماہنامہ العصر (لکھنو) اگست ستمبر ۱۹۱۳ء

۴۴۔ روزنامہ امروز (کراچی) ۴ستمبر ۱۹۵۰ء، ص: ۷

۴۵۔ ماہنامہ آج کل (نئی دہلی) ستمبر ۱۹۷۰ء، ص: ۲۳

*   *   *